个人投资者的
股市
生存之道

边 航
-著-

中国铁道出版社有限公司
CHINA RAILWAY PUBLISHING HOUSE CO., LTD.

图书在版编目（CIP）数据

个人投资者的股市生存之道/边航著 . —北京:中国铁道出版社
有限公司,2022.1

ISBN 978-7-113-28456-5

Ⅰ.①个… Ⅱ.①边… Ⅲ.①股票投资–基本知识–中国
Ⅳ.①F832.51

中国版本图书馆 CIP 数据核字（2021）第 214512 号

书　　名：个人投资者的股市生存之道
GEREN TOUZIZHE DE GUSHI SHENGCUN ZHI DAO
作　　者：边　航

策划编辑：马真真　　　编辑部电话：(010) 51873459　　　投稿邮箱：jane＿m805@163.com
责任编辑：陈　胚
封面设计：宿　萌
责任校对：孙　玫
责任印制：赵星辰

出版发行：中国铁道出版社有限公司（100054，北京市西城区右安门西街 8 号）
网　　址：http://www.tdpress.com
印　　刷：中煤（北京）印务有限公司
版　　次：2022 年 1 月第 1 版　　2022 年 1 月第 1 次印刷
开　　本：710 mm×1 000 mm　1/16　印张：15　字数：204 千
书　　号：ISBN 978-7-113-28456-5
定　　价：88.00 元

投资，就是寻找确定的过程

2018年年底，我成为一名职业投资人。从那一天开始，投资对我来说就有了新的意义。虽然在这之前的几年中，我已经有了比较稳定的投资收益，但大多数时间里，投资还只是我的一个爱好；而成为一名职业投资人，就意味着投资是我的全部，我的身家都在这里，从此再无退路。

在那之前的10年，我的投资目标始终是如何取得更高的收益率，如何把赔率做到最大。但从2019年开始，我在方向上更加偏重于胜率，哪怕会为此降低回报。这是因为，一方面，我投入的资金越来越大，绝对收益的价值超过了相对收益；另一方面，也由于我有了更多的时间潜心研究投资之后，发现自己曾经赚到的钱，都是市场送来的，其中运气的成分占了大半。

学习，就是一个越来越发现自己无知的过程。在对过往投资经历进行复盘的时候，我常常会惊出一身冷汗，曾经的市场是如此危险，而那时的我却乐观得毫无理由。

一次闲聊的时候，妻子的一句话深深触动了我："等孩子长大了，你教她怎样做投资吧。"我又是一身冷汗，我能教给孩子些什么呢？"炒季报炒年报"还是"喝酒吃药"？"五穷六绝七翻身"还是"头肩顶底背离"？包括很多价值投资的经典方法，杜邦分析、DCF模型、PEG估值法等，学会这些就一定能做好投资吗？

而我对企业的理解，对管理者和产品的认识，都源于20多年的市场磨炼。所有这些经验都是靠时间一点点沉淀下来的，即便我有能力把它们讲清楚，孩子也有足够的能力完全理解消化，但没有积年累月的市场感知，她仍然只会纸上谈兵：讲起道理来滔滔不绝，一进市场照样不知所措。

不管是从职业安全角度来考虑，还是为了完善出一个容易操作，更能不断升级的投资模式，我都需要重新审视自己的知识体系和投资理念。从 2019 年开始，我逐步放弃了很多以前用得比较熟练的交易手法，一点点搭建自己的全新投资体系。某种程度上，这仿佛是武侠小说中的嫁衣神功，要先废掉自己的原有功力，再重新修习。

这是个艰苦的过程，尤其是明知道有些钱就在那里，却必须要坚守自己的原则不去追求；有些负面因素一清二楚，但仍然主动把它忽略不计，只为了终局时那份该得的收获。这个世界上从来就不缺少聪明人，但一直都缺少愿意变得"更笨"的人。所谓的大道至简，就是一个不断放弃的过程，在这个过程中我放弃最多的，是交易。这对于一个做了 10 年交易的人来说，实属不易。

投资最基本的公式，$P=E\times PE$，即股价＝业绩×估值，实际上也可以看成是收益＝经营×交易。放弃交易，不代表着无视估值的存在，而是在主观上不对估值做预期，把投资重心聚焦在经营本身上。我在本书中所展现的文字，基本上都是围绕着这个主题展开的。交易是市场内各种因素互相影响的结果，是一种时刻变化的零和游戏，再多的经验也要不断更新才能跟上它的节奏，而且经常会有极大的不确定性；在某些极端的情况下，甚至会出现反经验的特殊情况，对投资者来说这往往会是致命一击。

但企业的经营则不然，真正的经营是内生为主导的正和游戏，是相对稳定的体系。如果说交易更适合跟随，难以提前判定的话，经营则更加可靠更容易预期。对缺少资讯、知识，甚至常识的个人投资者来说，在交易上投入越多，往往就离确定性越远；而在经营上越专注，其未来收益的可测值就越高。经营并不是只停留在对企业的分析上，它具有高度的延展性。以经营为导向的思想，一样可以指导我们在选股择时买入卖出方面的具体行为。

盖房子必须要有坚实的地基，越高的楼地基就会越深，投资更是如此。要想创建一个真正能穿越牛熊市的个人投资体系，就必须把基点深深扎在那些具有高度确定性的土壤中。只有足够确定的东西，才可以复制，才可以传承。这是我想要留给女儿的投资建议，也很欣慰能在本书中尽量详实地呈现给大家。

我们为投资所做的一切努力，都是为了找到真正的确定。希望本书，能对想要在股市中取得长期收益的投资者有所启发，更祝愿大家能早日创建出专属于自己的个人投资体系。

目　录

01

第一章
个人投资者的自我定位

投资有多种流派,各家都有所长,但对个人投资者来说,最重要的不是哪种方法更好,而是自己适合哪种理论。鱼不如渔,很多人眼中只有赚钱,而聪明的投资者更关心赚钱的体系。容易赚的钱也容易亏,稳定的专属体系才是稳定收益的开始。

第一节　像大师一样思考，像散户一样投资

有多少投资者，就有多少种投资模式。无数人懵懵懂懂，只会追涨杀跌；也有人孜孜不倦，苦学各种思想和智慧。但不是所有的事情都能尽如人意，有的人越努力越艰难，虽然已经对"大师语录"倒背如流，投资成绩却一直不忍直视。

智慧永远是智慧，但智慧也有适用的条件。我们理解一下巴菲特、格雷厄姆、彼得·林奇、查理·芒格这些"大师"的身份，以及国内的张磊、冯柳等人，无一不是大机构的管理者。资金规模、人力、物力、财力和精力等全方位的差距，决定了一个普通散户无法简单复制他们的成功模式。

作为个人投资者，我们与这些"大师"的区别，就像业余爱好者与顶级职业球员的差异一样。全攻全守是一个观赏性很强的足球战术，但对业余球队来说，这么踢恐怕十分钟都坚持不了。

大机构的优势，是能找到更多的钱，能短期改变一只股票的走势，能拥有最新最全的资讯，甚至能随时随地和上市公司管理层进行沟通，有的干脆就是董事会成员。

巴菲特是股票大师，实际上更善于经营，他买入的很多企业，后期不是坐等升值，而是直接进入董事会参与企业的决策，甚至可以决定 CEO 的人选。2010年开始，高瓴资本先后在京东投入了 3 亿多美元，而其创始人张磊首先做的就是

和刘强东一起去了沃尔玛总部,学习物流网络和仓储系统,由此奠定了京东的市场价值。

就像职业足球与周末足球完全是两个概念一样,都是买入格力电器,我们和张磊做的根本不是一回事。很多人都是看着格力的股价短期回调而唉声叹气,而张磊看的是中国高端制造产业的未来。

我们背诵"大师语录"的时候,一定要明白:"大师"不是炒股的,我们和他们唯一的相似点,就是都喜欢那只股票。

"别人恐惧我贪婪,别人贪婪我恐惧",这是投资的精髓,但很多投资者可能在最恐惧的时候,最需要全仓投入的时候,家里人却有了不同意见,只得无奈卖出,不但没法"贪婪",反而会更加"恐惧";还有的投资者,在市场最便宜的时候,公司却面临破产,连工资都开不出来,拿什么去"贪婪"。这样的事情在 2008 年和 2020 年一季度屡见不鲜。

"我不怕集中,我不是一般的集中,我是绝对的集中。"这是段永平的至理名言。但如果一个人看到的也许是假账,自己又没有能力和精力去深入研究上市公司,万一集中持有的是康美药业,那就欲哭无泪了。要知道在买入网易之前,段永平是做过"小霸王学习机"的,在买入苹果之前,他更是打造过步步高这一经典品牌。对游戏和手机的理解,不是一般人能比的。

有些道理是正确的,但不同的人应用起来,可能就是最大的错误。有人亏掉一半仍然能处之泰然,但有人亏掉一半吃饭都会有问题。投资最难的一点,不是搞不清楚那些复杂的道理,也不是不能持之以恒,而是每个人的生活都不一样,资金和家庭的压力也不相同,只有打造出一个自己的专属投资体系,才能在这个市场上长期生存;否则,我们都可能会"死在黎明前的黑暗里"。

不管是东施效颦,还是邯郸学步,都经常是我们每一个人正在经历而浑然不觉的事情。投资有时候是向内的,我们改变不了世界,改变自己会更容易一些。

个人投资者需要有一个客观的自我定位,学无止境,我们可以像大师一样思考,但只能像散户一样投资。

第二节　个人投资者的八大基本原则

个人投资者做好投资需要了解以下基本原则。

一、只买自己能理解的股票

买股票就是买公司,可绝大部分喊着这一口号的人,他们所理解的公司仍然只是股票。张口闭口 ROE、PE、DCF,以为这就是公司的一切;对企业的产品、目标消费人群、企业文化,甚至行业发展方向都知之甚少。

会估值就是价值投资者吗? 按照估值买入、卖出就是价值投资者吗? 不懂得企业经营的人,看到的都是空中楼阁。作为资深散户,我最想给一个新人推荐的不是那些经典的投资书籍,而是菲利普·科特勒的《市场营销原理》。生产技术我们可以不懂,但至少要懂得一个企业的产品是怎样卖出去的,这才是投资的根本。

除了少数在校学生,绝大部分投资者都有自己的工作背景。如果说研究股票,有些人的经验还不够丰富,但对自己所从事的行业,其发言权就大得多,有些人甚至就在上市公司工作,近水楼台,理解更深,这是最大的优势。当然有人会说,我从事的是一个传统行业,一个发展缓慢的企业,不值得买入。但每一个行业都有外延,都有上下游产业,只要用心,绝大多数人都能发现自己身边的好股票。

还有很多行业和商品,是我们日常生活中必不可少的。如银行、食品饮料、调味品、电商、药品等,虽然我们可能对这些商品的理解不如本业那么深入,但买这些摸得着看得见、经常使用的东西,总比买入那些只知道一些表层概念的股票安全得多。

实际投资中,投资者是很容易被一些热点带节奏的:自己辛辛苦苦拿了一年多,还不如有些股票两个星期的涨幅,这是经常会遇到的事情。

我自己有一个原则,没有研究和跟踪过3年以上的股票,涨势再好也一股不买,这些年因此错过的东西很多,但少踩的雷也很多。过去7年,我的年化收益率保持在30%以上,这比我之前设想的20%预期已经高出一半了。我买的都是即便股价下跌了30%,一样能让我安心睡觉的企业。少踩雷很简单,即不懂不做!

二、不追求过高的收益率

市场是公平的,收益总是和风险联系在一起,涨得慢的股票一般跌得也慢,涨得快的股票跌起来同样吓人。如果没有长期穿越牛熊市的投资经历,大部分人面对短期内的暴起暴落,都很难保持心态的稳定,往往会"别人恐惧时更恐惧、别人贪婪时更贪婪",并以此形成恶性循环。一旦长期被套,后面的错误操作就会连续出现,让自己越陷越深。

散户和投资机构相比,一个很大的优势在于不需要追求那么高的相对收益,不必为了基金排名或者投资人的要求而做太多冒险的事。对散户来说,绝对收益才是真实可靠的。

A股中,超过半数的人持仓市值不到10万元,而50万元以上的持仓人只有10%左右。以中国人目前的财富状况,可调动的资金是大大高于这个标准的,大家不敢投入更多资金在股市,主要还是觉得风险不可控。

10 万元增长了 5 倍,与 50 万元增长了 1 倍,在绝对收益上是一样的,但风险程度完全不可同日而语。不追求过高的收益,就能让自己在股市的风险敞口变得更小。用更重的仓,买入涨得慢但安全性更好的股票,相对收益可能不高,但绝对收益却更能让投资者满意。

有时候慢就是快,对股票的预期收益率不高,不代表投资的收益不多。这一条,是散户的优势所在,"大师们"学起来反而不太容易。

三、明白自己进入股市的目的和能力边际

只要是受过高等教育,或者虽然学历不高但一直坚持学习的投资者,在股市里赚钱并不难。"七亏二平一赚"的原因,大部分都是高估了自己的能力,而又低估了股市的风险。做投资,首先要问自己,你为什么来股市?是来保值的、增值的,还是现实中到处碰壁,幻想在这里一夜暴富的?我们经常遇到一些人诉苦,说自己怀才不遇,工作上总是赚不到钱,希望能在股市里实现财富自由。可股市是一个比大多数工作更难赚钱的地方。在工作中,超过身边学历和能力基本差不多的同事都做不到,想在股市中打败全国 90% 的高智商人士,更是难上加难。

不忘初心!很多人进场的时候,想着能跑赢理财产品就好了,但越做胆子越大,尤其是看到身边人的收益率比自己高的时候,更是乱了方寸。讲起"大师理论"的时候头头是道,自己操作却经常和赌徒无异,把希望都寄托在老天身上。

我们做投资,要时刻清楚自己的能力边际在哪里,知道哪些股票可以做,哪些股票与自己无关,运气是靠不住的。

四、国运是未来 10 年最确定的方向

做股票,有人追求胜率,考虑的是确定性;有人追求赔率,考虑的是弹性。对散户来说,确定性强才敢重仓,才会有更多的绝对收益。那么,未来 10 年,什么

是确定性最强的方向呢？

　　每个人眼中的世界都是不一样的，所以 A 股 4 000 多只股票，每只都有成交量。不考虑那些天赋异禀的"牛散"，对绝大多数散户来说，选择与国运紧密结合的企业更为适合。

　　20 世纪 90 年代以及 21 世纪初期，很多人都拼命想移民，但最近几年，大家发现十几年前出去的很多人，发展并不比国内的老同学们好多少。2008 年之后，西欧和日本、加拿大等国家，基本处于经济停滞发展的状态，美国经济体量增长不到 50％，而中国的经济体量增长了整整两倍。

　　在这个历史性发展过程中，会有一大批企业与国运一起成长。我在投资者社区雪球平台（以下简称雪球）的个人资料中这样介绍过自己的投资方向："买入中国最优秀的企业，等待它们成为世界上最优秀的企业。"

　　盛世在前，如果搞不清哪些行业更有前途，那就选择与国运紧密相连的行业吧，金融、消费、公共事业等，虽然有些看起来走得慢，但它一直都会前行，就像那只和兔子赛跑的小乌龟，不起眼但绝对可靠。至于科技和医药，一定会有大牛股出现，但具体会是谁，对投资者专业能力的要求就比较高了，需要一定的专业知识才能判断。

五、买股就要买龙头

　　选定行业之后，买什么类型的股票也是个课题。很多老股民喜欢买小市值股票，更有些人专门研究 ST 股，希望在逆境反转中赚取更大的收益。但对大多数散户来说，还是买那些兼具规模与成长优势的龙头股更稳妥一些。龙头股的优势如下。

1. 确定性好

随着经济体量的增大，整体经济增速会越来越慢，市场从增量阶段的同进共退,转向存量时代的弱肉强食,这是大多数成熟行业正在发生的事。地产、保险、白酒、家电这些大行业都在头部化,龙头股不仅安全性高,而且增速并不慢。

2. 安全性好

龙头股的一举一动都被摆在放大镜下,各种机构研报、论坛分析比比皆是,相对而言,爆雷的可能性要比普通股小很多。对于没有精力或者专业度不够的普通投资者来说,可以及时得到相应数据和市场观点,能避免很多盲目决策。

3. 波动率小

龙头股有时候确实不如行业中上游的一些企业股价增长快,但往往在下跌的时候,其股价抗跌性也强,投资者更能拿得住,长期来看年化收益率并不低。

4. 股票也要够"红"

股票有时候也和明星一样,需要"红"。很多股票各方面的条件都很好,但市场关注度比较低,长期持有需要足够的耐心,很多人为此饱受折磨,经常"倒在黎明前"。龙头股这方面的问题相对少一些,只要业绩突出,基本面向好,调整时间往往都是以月为单位的,长年被低估的龙头企业并不多。

选龙头股的时候需要注意,并不是规模最大的那个就是龙头。龙头肯定得够大,但也要够强才行。譬如,目前银行股的龙头就不是工商银行或建设银行(它们的利润增速确实有点慢,更适合做现金替代品,或者适用于超低风险偏好者),而是长年保持两位数增长的股份银行龙头——招商银行。

六、多关注业绩,少关心股价

股票最容易让人记住的就是股价,有些人能对几年前的买入和卖出价格记忆犹新，着实让人佩服，但很多人对企业的经营状况却没有那么高的敏感性，对这些财务数据背后隐藏的原因更是懒得去看，有些人看也看不懂。

利令智昏，过于关注股价变化，很容易让人失去理智。我们经常能看到一些人，每天都在说今天赚了几块钱或者亏了几块钱。但有些东西，你不想失去就不要过分计较。

股价的短期涨跌是很难预测的，与股价保持一定距离，倒是能看得清楚一点。业绩与股价的关系，就像高尔夫里的击球，只要你的动作做到位，击出好球只是顺带的事，如果动作不到位，可能一挥杆就是一个OB。

关注业绩，而不是关注股价的短期涨跌。在估值被压到最低点的时候，企业今后几年的业绩增速就是你未来的投资收益率，我们身边的很多股票，都在诠释这一点。

七、长线才会少是非

越短的投资，遇见小概率的事就越多；越长的投资，价值回归的概率就越大。我是一个不相信运气的人，这些年事半功倍的事没遇到多少，事倍功半的事却经常发生。很多时候，也觉得有些得不偿失，但事后总结，该得到的也没少什么。

做短线，归根结底还是急功近利的心态在起作用，总想能够吃尽每一波行情，用最少的代价得到最大的收获。可财不入急门，有时候确实可以有些小收益，但成功九次，一次失败就可能把原来得到的全"吐"回去。

如果我们拿着自己看得懂的股票，看得到它未来几年的发展趋势，算得清它大致的内在价值，那就没必要去关注短期的得失。

真理是需要时间检验的，我们一定要站在时间这边，让它成为我们的朋友。做时间的敌人，是这个世界上最危险的事。

八、能力圈是一个同心圆

我在搭建自己能力圈的时候,首先选定的是"房地产"这个原点,这是我工作了 20 多年的行业,从一线销售到企业融资,我熟悉这里面大大小小的各种"坑"。行情好的时候我知道问题在哪儿,行情不好的时候我也能知道该如何去面对。这个原点确立之后,我的能力圈基本上就是围绕它一点点外拓的同心圆了。离原点最近的是银行,外延包括家电、保险、汽车、白酒等。

我看一个新行业,至少需要两三年的时间,所以基本上是不跟热点的,我相信能持续 3 年以上的热点就已经不是热点了,而是趋势,重仓一定要投在趋势上。

做投资不仅仅是想清楚生意逻辑,看清楚商业模式就可以的,每只股票都有自己的股性,既带着行业属性,也会受到管理者、投资者的诸多影响。就比如,大多数婚姻最后解体的时候,都会留下一句话"性格不合",即便什么都好,有些股票的"性格"和你不匹配,你们也很难"白头偕老"。

搭建这个同心圆,我前后用了十几年的时间,其间也曾涉猎过一些非相关行业,譬如影视传媒、医药、高新材料等,基本上是损失惨重。这是因为新的能力圈是在一个空白处重新画的圆,就像下围棋,远离了原来的厚势,孤棋即便活下来,付出的代价也是巨大的。如果你和一只股票真的有缘,等它 3 年又何妨?!

第三节　从估值无用论,看个人投资的强者体系

市场持续大跌时,尤其是低位杀跌,对投资者的打击是最大的。对一些从高

位就拿着股票的投资者来说,会有很多人又一次开始怀疑价值投资本身的价值了。再好的股票也怕估值过高,价值投资的基石是估值。对很多人来说,这是最基本也是最核心的投资先决条件。

著名基金经理冯柳关于估值的理解,却是和很多人的投资理念大相径庭。对冯柳来说,他"不赞成大家过分重视估值,因为这首先是个博弈的市场,且具备明显的不对称属性,每个领域都存在更全信息、更深理解的内行人士,他们是影响市场的重要力量,我们虽可在一定范围内建立起能力圈从而达到半内行的标准,却很难成为最接近真相的人,所以我们必须在诗外寻找优势,在心智能力上锻炼自己,而成熟心智模式的基础就是敬畏市场,承认自己的渺小。而估值却从态度上就不符合这种精神,它更多是由内而外的划定,而非由外及内的聆听。"

冯柳关于估值的这段论述,是与他著名的弱者体系一脉相承的。他认为:"弱者体系就是假定自己在信息获取、理解深度、时间精力、情绪控制、人际资源等方面都处于这个市场的最差水平,能依靠的只有时间、赔率与常识,我的整个投资框架都是立足于这个基本假设而建立起来的。"

冯柳是做了十几年的个人投资后,才进入大的投资机构的,其经验对广大个人投资者具有非常大的借鉴意义。我们关于价值投资的理论,大部分源自巴菲特、查理·芒格、彼得·林奇等美国大师,但这些大师的观点大部分都是从投资机构的角度出发的。与个人投资者相比,投资机构的研究广度和深度完全不可同日而语。

很多时候,在精力和物力相对有限的条件下,我们看到的企业数据和动态,往往都是市场想让我们看到的,我们依此做出的所谓"估值",都是市场想让我们理解的阈值,这距离真相有多远,只有等到数年后才能判定,而那时也许一轮牛熊市已经过去,很多投资者血本无归。

骄兵必败,弱者体系是冯柳投资框架的基础,更是散户必备的生存常识。很多人都有这样的经验,精挑细选后找到一只低市盈率的股票,从估值的角度,自己判断已经到了历史性低点,便开始大举加仓,甚至有人会满仓满融。但事与愿违,股价越跌市盈率反而可能会更低,最终形成"戴维斯双杀"。有些过于执着的投资者,孤注一掷在这样的股票上,积年累月也不肯减仓,一次失利可能需要很多年才会缓过来,也有些人干脆就此告别了股市。

大跌之下,也有些人会选择低位减仓,但在股价拉起的时候却再次追买,后面探底则又去"割肉",形成反复挨耳光。有的估值是在纸上,有的估值是在心里,纸上的关好过,心里的关难过。买入的时候,如果不是从心里认可它的低估,账面如何便宜都不会让人安心。这种心理认可的低估值,不会出现在种种投资技术和分析上,它源自经营,源自生活,源自常识。买股票就是买公司,可绝大多数人都是把公司当成股票。

是"估值"这个方法不对吗? 不,是估值的人不对。如前所述,在分析股票的内在价值时,过分强调自己的主观判断,"由内而外的划定",那些看起来很专业的估值体系,就会变成刻舟求剑,越用心就越危险。

估值是量化体系的浓缩结果,是投资的核心分析技术,但这种分析是一个动态的思维过程,而不仅仅是一个数字运算过程。所有的估值,都是一个动态的参照物,需要根据丰富的认知,不断地做调整。估值并不需要太高深的数学能力,但知道什么时候调整那些数字,知道估值的数字在发生新的市场变化后将如何演变,这就需要一个投资体系才能解决了。

现在的机构投资者中,绝大多数人都是科班出身,其优势在于,对投资这个行业的理解和各类分析技术的储备,结合当前量化体系会逐步完善。相比之下,个人投资者的劣势将会越来越明显。但就企业经营层面来说,基金经理的从业经验所能覆盖的就会比较少,一个具有长期实业经历的散户,观察角度会有自己的独到之处,而且这种经验是很难靠数据系统去量化的。即便是一个业绩长期优秀的大机构,在研究企业的生意逻辑时,与一些经验丰富的散户相比,也可能会处于相对的"弱势",这是一个散户最重要的优势所在。

尽信书不如无书,拘泥于"估值"数据本身,就容易在对企业的理解上产生偏差。散户的投资体系中,还是应该在自己所擅长的领域上,多强化一些对企业经营的理解,让自己处于相对的强势,这就是能力圈的价值了。买股票就是买公司,深刻理解企业的经营,才能给自己创造出足够的安全边际。

第四节　最适合个人投资者的赚钱模式

我们能看到很多投资的金科玉律,无数先贤的思想闪耀着智慧的光芒,照亮了孤寂而又悠长的投资之路。这些光芒很璀璨,但对绝大多数散户来说,却是不适宜的。我们可以像大师一样去思考,但只能做好散户该做的投资。那么,什么是散户的投资模式?

首先我们来看看投资的收益是怎么来的。

收益＝股价涨幅×资金总量×仓位。

股价涨幅和投研能力有关,是个人投资者的劣势;资金总量,自然更是个人投资者的劣势。对一名个人投资者来说,与投资机构相比,主要的优势是仓位。

公募有最低持仓要求,私募有清盘线,即便是没有清盘线的私募,净值大幅回撤之后,资金规模大多也是要缩水的。我曾经看过一个私募的资金规模变化,2015年上半年发行时,规模是20亿元,到了年底就剩下5亿元了,一半是跌的,另一半是跑的。

跌,大家都得跌,但自己的钱不会跑,这就是个人投资者的优势。没有持仓要求,没有清盘线,钱更不会跑(我们只谈自有资金),散户的投资艺术就是在这里做文章,来弥补自身规模和能力上的短板。

大家都喜欢牛股,但现实中,能在大牛股上大赚特赚的人并不多,很多人买入一只大牛股,但往往随着股价的抬升,而逐步获利了结,很难"吃到"所有的涨幅。那些咬定青山不放松的人,又往往会随着股价的抬升而不断追加资金,最后成了坐过山车,甚至可能会大幅亏损。

从绝对收益来看,对投资者来说,大涨特涨的股票未必是主要的收益来源,原因就在于涨幅太大后不敢重仓。倒是在一些爆发力没那么强,但可以持续增长的股票上,总有机会买到便宜货,又敢于重仓,甚至长期上杠杆重仓持有。几年下来,后者成为收益的主要来源。

看看雪球上一些股票的关注人数吧(截至 2021 年 6 月):宁德时代 443 178 人,恒瑞医药 726 429 人,海天味业 691 208 人,招商银行 1 525 925 人,中国平安 1 764 218 人,万科 A 1 014 304 人。近几年,前三位的涨幅大大领先后三位,但关注人数还是"银保地"这 3 个代表更多一些。如果以涨幅为唯一优劣标准,大家理所应当该把目光聚焦在前三者身上,但事实恰恰相反。

A 股 70%的个人投资者持仓市值不超过 10 万元,其实这里面的很多人完全可以拿出几倍于这个数字的资金,但股市有风险,谁都不敢投资太多。5 年时间,10 万元涨 500%可以赚到 50 万元,那么 50 万元涨 100%就可以赚到这个数字了,哪个更容易?如果找到一些稳定上涨的股票,敢于重仓,敢于投入家中那些散在存款、银行理财、支付宝、微信上的低收益资金,有些看起来涨幅不大的股票,一样可以带来较大的绝对收益。

贵州茅台过去 5 年涨了 10 倍,但我所认识的百万以上级别资金投资者中,很少持有贵州茅台超过半仓的,持有两成仓的都不多。反而是重仓甚至全仓持有招商银行、中国平安这样大蓝筹的人,绝对收益会更多一些。即便是职业投资人中,上杠杆做银行股的也很多,长期来看收益也并不少。

对个人投资者来说,专注自己的能力圈,不要怕持有的股票涨幅小,只要你对它有足够深刻的认识,坚信它的长期发展前景,仓位会帮你解决涨幅问题。基金赚的是相对收益,追求的是业绩增速,而个人投资者赚的是绝对收益,小资金的100%可能还不如大资金的20%赚得多,但其中风险是完全不一样的。

除了少数道德问题或者经营问题严重的企业外,没有不好的股票,只有你不敢重仓的股票。高涨幅的另一面就是高风险,仓位才是散户赚钱的根本,做懂的事,赚明白的钱。

投资感悟碎片之体系篇

1. 巴菲特62年来最高收益是59.3%,这个业绩,会被投资中的众多高手秒杀,但他62年中只有两年收益为负,2008年的回撤也没超过10%。"永不亏钱"是巴菲特留给后辈的最大财富,大多数人却只记住了"长期持有"。"长期持有"没有问题,但一定要建立在"永不亏钱"的前提下。

巴菲特所讲的很多都是"顶级心法",普通投资者还是慎用。巴菲特当初买入伯克希尔·哈撒韦的股票时,就是掉进了一个坑里,但他后来收购了这家企业,并把它做成了世界顶级的大公司,一年的利润便有数百亿美元。很多人把股票大师当成炒股的了,殊不知,他看到的东西和散户是不一样的。他能改变企业的经营,能引导市场的观念,不要说普通投资者,那些大型基金又有几个能做到?投资者时刻得明白自己是谁,忘乎所以,与赌无异。

2. 第一年翻倍,第二年亏 50%,涨幅就全都归 0 了。第三年要想把年化收益率拉回 10%,就需要增长 33%。100%,−50%,33%,感觉上是赚了不少,实际只有 10% 的年化收益率。投资最重要的是不要有大亏,这算是做大蓝筹的优势了。

在估值到了绝对低位的时候,我是不在意股价涨跌的,或者说只要企业发展趋向很好,对我来说,股价跌得越多,利好就越大。我的重仓只会在自己能力圈内,而且是非常有信心的股票上。没有信心的股票我是不会重仓的,有信心的股票则是越跌越"贪婪"。

3. 所谓的市场,就是全体投资者的总和,按数量算,90% 都是赚不到钱的。面对市场,近处往往看不清,从远处看才能看得明白。市场是面镜子,把自己打扮好,里面的人自然会好看。否则你怎么求它也没用,它根本就没有这个能力。

我们永远都找不到"市场先生"这个人,它只存在于投资者自己的心里。每个人眼中的市场都是不一样的,明白自己的市场就好。有时候,一只股票好不好不重要,重要的是你懂不懂。

4. 如果我们不是在买股票,而是当成真正去买入一家企业的股权,那么没多少人会关心企业市值的提升,而是会把目标集中在分红上,这是投资的本质。作为股东,是要有分红的,这才能即时体现出资金价值。

实际上,在不在意分红跟资金量有很大关系。对于长期满仓的投资者来说,分红意味着可以在不减少股权的前提下,得到适当的流动资金,可以保证生活,也可以再投入。对于那些大资金,譬如说险资来说,大部分买地产股的资金,都是成本入账,目标就是每年的高分红,没有分红就失去了买入的意义。

而从企业的角度,如果不分红,就意味着要保持更高的利润增速,才能不降低 ROE,这也是很难的。如果 ROE 持续走低,其市值的提升会更加不易,融资能力也会大打折扣。适当的分红,对于维系企业的市值有直接影响。但房地产企业毕竟处于高负债行业,而且很多房地产企业的融资成本较高,分红太多,实际上也会得不偿失,需要适度。

5. 市场大部分时间都是偏离的,只是偶尔平衡,问题是你不知道它什么时候平衡。做短线的选择伺机而动,做长线想的是它早晚会回归。都是医生,牙医专家去做内科,比普通人也好不了哪里去,所以即便是顶级经济学家,如果做短线和普通人也没有什么区别。

投资中,最痛苦的就是长线的持仓却有一颗短线的心,做长线就得有至少两三年不涨的准备,自己能承受再考虑长期持有。

股价短期是受资金推动的,这没有太多明显规律,但长期来看仍是受业绩决定的。我们看到的长期大牛股,背后都是稳定的利润上升。短线操作也许对也许错,但对绩优股而言,长线总能赚到该赚的钱。

6. 每一轮行情,都有很多被浪打上来的股票大师,但投资的道理从来没变过。只要不是总想走捷径,投资的路并不难。对个人投资者来说,专注那些长期让人有安全感的企业,是最稳妥的盈利模式。大家都嫌这样赚钱太慢,却忘了市场上 90% 的人都是赚不到钱的。

很多人都是弱者,却一直在做强者的事。散户总想找到一些窍门,轻轻松松把钱赚了,实际上那都是广为流传的误区,还是老老实实跟企业一起成长的好。越是想改变自己的命运,越需要控制自己的欲望。用最笨但最清晰的方法赚钱,不在乎身边呼啸而过的"跑男",眼里只有远处那个确定的目标。等你到达终点的时候,会发现身后都是退赛的"股票大师"。

7. 基本面最核心的是生意逻辑,这是道;商业模式是生意逻辑的落地所在,这是术;理解道与术后,再做估值测算,这是基础;基础过关后,做成长性分析,这是主干;主干没问题,才可以逐步建仓,这是抽枝发芽;然后,静待开花结果,当然长歪了也得修修剪剪。

8. 投资最开始只是预期自己赚钱,后来预期企业赚钱,再后预期企业经营改善,之后预期消费者的认同,最后就真正理解了人心。

9. 我们进入的是同一个股市,却在经历不同的投资人生。很多人在学习弱者体系,却总想"恃强凌弱"。股市是"弱肉强食"的地方,羽翼未丰就想在这里开疆辟土,是大多数人赔钱的重要原因。很多人在努力看清企业的一丝一毫,却对自己一无所知。

如果只看缺点,那世界上没有一只股票是可以买的。没有对企业深入的理解,对国运坚定的信心,拿住是很不容易的。当然持股也要保持动态观察,如果经营真发生根本性变化,任何股都不能从一而终。有些钱是注定赚不到的,找最好的生意模式,不如找自己最能理解的生意模式。不敢重仓的公司,涨的都是泡沫。

10. 别把股票当成简单的买入卖出标的,那是一个个活生生的企业,要找到那些自己懂得经营的好企业,要明白它的喜怒哀乐与爱恨情仇。这就像结婚,大多数幸福的婚姻,都不会仅仅因为对方某一个好处而出现,一定是一个全方位的理解与融合。

企业估值不是看某一个指标,针对不同类型的企业要做不同的评估体系。核心导入的是生意逻辑,然后再看商业模式如何落地,所有的数据在这两个核心主导被论证有效的基础上才有意义。那些脱离企业生存环境的表面数据,只是刻舟求剑中的一个标记而已。

当然如果是刚入股市,也可以通过一些简单的指标来做些粗线条判断,如贵州茅台的基酒,中国平安的PEV,招商银行的PB,格力电器的PE等。融创、万科这样的地产股会复杂一些,需要对已售未结利润、当期利润和优质土储数量做综合分析。但所有这些指标都是片面的,极端行情下做短线时有效性会高些,而在长期持有的过程中,指标误导的情况会经常发生。

11. 投资不是算账,所谓的估值都是在计算过往,而最重要的是企业将往何处去,会给投资者带来多少现金流。当估值被杀到极低的位置时,看着企业内在价值就好了,市场的观点不必在意。

万物皆有周期,只不过有些是业绩的周期,有些是估值的周期。估值低了未必就涨,但估值高了一定会影响后面的涨幅。判断合理估值,那就先放几年,等一个大熊市,出现的最低点就是标准估值了。业绩普通,靠估值去不断提升股价,是最大的危险。每轮牛市到最后都是一片狼藉,有些股票会浴火重生,有些股票会就此沉沦,不变的是,大多数人都在亏钱。

12. 投资的模式并不复杂——找到自己的位置并且守住它。那些跳来跳去的人,大部分是没有找到自己的位置。多言数穷,不如守中,弱水三千,一瓢足矣。个人投资者更是这样,尽量把能力圈画成同心圆吧,凭空出来的能力圈总是没那么可靠。股是好股,但也要看买的人能否驾驭。

13. 每个人的基因里都有"价格投资者"的因素,谁都不例外。一旦价值投资者跳出能力圈,和大多数价格投资者就会很相似,因为那不是他所能理解的范围,他所能看懂的也只有价格。

"价格投资者"是远离能力圈的必然结果。在你的能力圈里,天崩地裂也可宠辱不惊。出了这个圈,和风细雨也能让人触目惊心。归根结底,人得认识自己。

14. 市场环境变了,原来的成功经验却已经成了一种习惯,甚至准则。但年年岁岁花相似,岁岁年年人不同,每一次的行情都不会简单重复,所以过去收益越大的人,环境变化后遇到的困难就会越多,个中细微只能自己慢慢体会。

钱要赚得明白,才会有下一次。当你发现原来的买入逻辑是错误的时候,这笔投资就是失败的,和收益多少无关。错误的买入却取得了正收益,那就是更大不幸的开始。

跟过去比较,便宜是没有意义的,跟未来比较,便宜才是正道。

15. 科技是可以提升的,相比之下,落后的是思维,而思维更加难以改变。

与外面对比,才知道我们的发展有多快,近几年出境后明显感觉不方便,好多东西都太传统了。坚定不移地做多中国,这是全世界的未来。

16. 股市里,大家做的都是"九死一生"的事情。韭菜被割掉还可以再长,现实中大部分人都没有这样的机会。作为个人投资者,如果把收益交给行情和运气,那还不如"韭菜"。

有些钱因为不懂,所以赚不到;有些钱则是因为懂,所以赚不到。懂得再多,在相对短的时间里,和不懂也差不多。但只要时间足够长,最终还是懂的人会笑到最后。炒股最大的特征就是短,投资才能活得长。

17. 投资能够赚钱,根本原因在于国运昌盛,看看巴菲特的收益曲线,即便强如股票大师,收益也是与国运息息相关的。

02

第二章
投资与炒股的两种人生

价值观决定了投资者的投资体系,而投资体系则决定了投资者的股市人生。在具备了一定的经济知识和企业知识之后,对投资影响最大的,是以什么样的态度面对市场。"七亏二平一赚",股市始终是一个只有少数人才能长期生存的地方。放弃急功近利的炒股思维,专注企业的内生因素,有时候看起来很慢,但前程却会越走越光明。

第一节 如果你的投资久期是 30 年，世界会大不一样

　　从 1989 年到 2021 年，中国股市已经创建了 32 年。回顾一下过往历史，曲曲折折、坎坎坷坷但仍不可遮掩这巨大的成果。作为一名"70 后"，我儿时的记忆是和大自然融为一体的，因为那时候物质实在是有些匮乏，玩具都是自己造，原料多是泥巴、植物和冰雪。20 世纪 90 年代，是我从懵懂孩童开始看世界的起点，经常会在一些电影里发现，原来世界上还有这么多好东西。

　　从 2021 年往回望去，三十功名尘与土，八千里路云和月，我们历经了怎样的努力和奋斗，才迎来今日的中国！资本市场始终是上层建筑，尽管也有许许多多不可避免的误区，但国人的勤奋与永不停歇的向上精神，一次次力挽狂澜，在无数投资者最绝望的时候，市场总能让我们找到希望。

　　不可否认，股市里大多数人是赚不到钱的，但这并不是市场的问题。在 A 股，如果不贪心、不盲从并且具备基本的投资常识，想不赚钱那是很难的事情。中国平安、招商银行、格力电器、贵州茅台这些企业都是家喻户晓的，谁都知道它们是好企业，10 年前买入，很多人早就实现所谓的"财富自由"了。可为什么还有那么多人在赔钱？

　　投资的本质是时间，面对有限的时间，每个人都可能会情绪化，会利令智昏，会惊慌失措。大部分人都想着赚快钱，恨不得买入后天天都是涨停板，每天忙着追涨杀跌，根本不在乎买入的企业究竟质地如何，或者说也根本不清楚自己在买

些什么。其实,对他们来说,过去这些年亏了钱并不是最可惜的,最可惜的是他们错过了多少大牛股,错过了多少改变自己命运的机会!

如果有一个限定条件放在投资者面前:规定只可以选择一只股票,并且持有时间最短也要 30 年,你会选什么? 我们现在看到的很多股票,恐怕都会从候选名单上消失了。但不要说 30 年,对很多人来说,3 个月都是很长的时间了。拿着自己不信任的股票,买入自己没有信仰的企业,怎么指望它能带给你"财富自由"? 一个人如果每天只想着投机,那么市场只会偷掉他的机会,这就是公平。

2018 年 12 月,我辞去了所有与房地产相关的工作,正式成为一名职业投资人。这个"职业",并不是说我的投资能力非常专业,而是说投资就是我的职业,我是靠投资养家的。整整两年过去了,那段时间收获巨大。

除了对企业研究会更加深入之外,最重要的收获就是时间感。有些股票,两年前的认识和现在其实并没有特别大的区别,但把时间感代入后,再去看这个企业,会发现真的是大不相同。有的人的时间感是以天为单位的,而我现在的时间感是以年为单位的;在我看来,巴菲特、查理·芒格这些投资大师的时间感则是以 10 年为单位的。这种时间感的区别,决定了面对同一件事,各自的思考维度会出现巨大的不同。

一个企业的季报低于预期,有些人会慌了手脚,而有些人则只会微微一笑,因为他们知道那改变不了企业的长期发展轨迹;一只股票下跌了 30%,有些人会彻夜难眠,而有些人却把这看成是很正常的波动,因为他们已经看到了 10 年后企业的样子,市场早晚会被纠错,这种回撤不过是给了一次加仓的机会。

慢就是快,我们只需要分清楚是否是好企业,所谓的市场和价格的变动,都只是潮起潮落,大海一直都在那里。如果你的投资久期是 30 年,世界会大不一样,想不赚钱都很难。

给投资设定 30 年的久期,并不是说一定要持有 30 年,这和现金流折现法的原理是一致的。用最精确的数据和算法去推演未来的现金流,得出来的数据也只能作为定性使用,因为总会有变量或者数据是我们无法掌握的。如果有人把这个数据当成定量依据,那就完全失去了这个方法的意义。

同样,给投资设定 30 年的久期,和买入非上市公司的道理是一致的,是让我们更多关注企业的内生价值,而不是被它身上笼罩的市场光环所误导。如果用一句简单的话来表述我对价值投资的理解,就是"赚企业成长的钱,是价值投资;赚市场交易的钱,就是投机"。价投与投机最大的区别,不是买入的股票,而是对时间的预期。时间是价值投资最好的朋友,好企业的长期内生力量,会随着复利的作用,把雪球越滚越大。那些靠市场聚焦来赚钱的企业,时间是它们最大的敌人,因为市场的聚光灯只能照亮一时,等曲终人散,马车还会变回南瓜。

投资的道理并不复杂,我们回到企业发展的本质,摆脱一切干扰因素,就很少会做出错误的选择。如果走了太久让我们忘记了出发点,那就给这份投资加一个期限吧。30 年,相当于大多数人职业生涯中最好的时间了。用一生去成就的选择,这就是投资的秘密。

第二节　从《白昼流星》看投资信念

电影《我和我的祖国》成为 2019 年国庆的票房冠军,7 个故事讲的是 7 种不同的牺牲。牺牲或者差点牺牲掉的是生命、爱情、初恋、荣誉、亲情、青春和理想。每个故事都有人喜欢,相对而言,其中的《白昼流星》非议多些,但我却偏爱这个故事。

其他的 6 个故事都是比较写实的,即所说的比较接地气,尤其是《北京你好》和《夺冠》,都是发生在我们身边的事,群众基础最好,拥护的人也最多。而《白昼流星》则隐喻比较多,很多话都需要从一帧帧画面中让观众自己去感悟的,曲高和寡,为人诟病也很正常。剧中,让很多人诟病的焦点,在两个迷途的孩子:怎么会看到返回舱就突然痛改前非了? 这完全是不合常理的事。究其原因,在于太多人的生活越来越好,那些贫穷的日子离大家越来越远,有些东西已经不能感同身受了。

我出生在 20 世纪 70 年代,小时候家境谈不上富裕,但也不算紧张。那时候城市里的各家各户都差不多,吃饱穿暖没有问题,再多的东西也就没什么了。直到现在,看着孩子们每天玩的、吃的、学的,才发觉自己小时候实在是一穷二白,甚至可以说是一无所有,没有零食,没有玩具,没有音乐、舞蹈、美术、跆拳道……

但当年,我是快乐的,因为我没有的东西别的孩子基本上也都没有,大家玩泥巴、捞鱼、捡烟盒,照样玩得开开心心。等到我上学的时候,家里有了电视。对于孩子来说,那时的偶像是霍元甲,是许文强,是大侠郭靖,是大闹天宫的孙悟空。我们每天盼着长大,长大后就能变得强大,那么美好的世界早晚都是属于我们的。

后来长大了,接触的人越来越多,才发现有些人并没有被公平地对待,就像故事里的一样,我们只是没有更好玩的、更好吃的,而他们却要为基本的食物、衣服去奋斗;我们起床时,恨不得自己能立刻发烧好不去上学,他们却只能站在学校的墙外,眼巴巴地看着别的孩子的笑脸。

是的,这世界从来就是不公平的。

《白昼流星》中,小哥儿俩换上李叔儿子的衣服时,我由衷地羡慕他们,如此年轻如此帅气的两个大男孩,他们都有着发亮的双眼和纯真的笑容。但他们生下来就是贫穷的,他们的父亲,他们父亲的父亲可能比他们更穷。

他们打架、惹事、偷东西,很多时候这并不能简单归结于物质匮乏,对一个年轻人来说,精神的贫穷比没有好衣服穿、没有好房子住更加可怕,而世界从来就没给过他们选择的机会。物质的贫穷,让人无法生存;精神的贫穷,更让人生不如死!

说到这里,我们可以理解,看到宇航员的时候两个孩子为什么会大彻大悟了,他们看到的不仅仅是白昼流星,更是一个全新的世界,他们看到了光,看到了自己的希望,他们有了生存的目标和信念。

人靠吃饭活着,更是靠信念活着。画家的色彩,歌者的声音,农民的土地,投资者的股票,这都是信念。

我自己做投资,在收益率上宁可选择确定性强的 50%,也不会选择不确定的 100%。每一次买入新标时,我都会问自己,如果后面会下跌 30%甚至更多,我会不会还选择这只股票。只有那些越跌越让我开心的股票,才会让我长期持有,因为那里面有信念。而信念最大的敌人,是"贵",再强大的信念遇到高估值的时候,也会变得脆弱。在容易暴起暴落的 A 股,一直坚持自己的信念没有问题,但一定要有颗强大的心脏才行。

好在,有一个信念始终没让我失望过,那就是"我的祖国"。2015 年下半年,2018 年底和 2020 年 3 月,就是这个信念让我不断买入。今日的世界,爱国就是我们最大的投资收益保障,买入那些于国有益的好企业,我们就会和祖国一起强大,对此我坚信不疑。

第三节　价值投资的 20 个关键词

价值投资经常被人提起,但价值投资的内涵却有很多种理解,可以说每个投资者眼中的价值投资都是不一样的。归根结底,这是大家对价值一词的理解角度不同,但价值投资仍然有很多共同性。以下列举了 20 个关于价值投资的关键词,都是大家经常提起的,可以看作是价值投资的基本概念。

1. 价值投资:就是价值观的投资,你是什么人,决定了你赚什么钱。

2. 护城河:遇到一个愚蠢的 CEO,企业还能稳定赚钱的能力。

3. 活得长:每天都有人鄙视你的收益,但他赔光本金时,你却实现了财务自由。

4. 能力圈:外面天打雷劈,里面安然无事的地方。

5. 安全边际:股价下跌时,能让你安心睡觉的原因。

6. 确定性:你已经预知 10 年后这只股票会给你赚多少钱,只是它在分期付款。

7. 价值与价格:价值是每天看看会让你赚钱的东西,价格是每天看看会让你赔钱的东西。

8. 投资与投机:短期浮亏让你高兴的是投资,短期浮亏让你痛苦的是投机。

9. 长期低估:估值一直没跑赢业绩,总舍不得卖,结果变成了长期持有,赚了大钱。

10. 危机:危险大了就是机会,机会大了就是危险。

11. 股息率:股息率高的股票,都是股价涨得慢的。

12. 业绩:业绩高峰长出的业绩,还可能再上高峰;"坑"里长出的业绩,却可能真的是个"坑"。

13. 消息:消灭散户的信息。

14. 估值:估计出来的价值,却常常被当成定律。

15. 市盈率:说刻舟求剑大家都笑了,说市盈率大家都认真了。

16. 现金流折现:一种思维模式,却被很多人当成了数学公式。

17. 龙头:涨时涨得多,跌时跌得少,反弹弹得快,行业亏了它还赚钱,这才是真龙头。

18. 牛市：大多数人赔钱最多的地方。

19. 熊市：圣诞打折季，买的人却最少。

20. 复利：上涨时多赚，下跌时少亏的原因。

第四节 投资还是炒股，决定了不同的股市人生

很多时候，很多人都是把投资股票和炒股当成一回事，甚至你要是说自己是投资股票的，别人根本就不明白，讲了半天才恍然大悟："啊，原来你是炒股的，直接说就完了呗！"尽管有些约定俗成的意思，但从本意上来说，投资和炒股还真不是一个逻辑。这是完全不同的两条路，不同的选择，决定了不同的股市人生。

投资，就是在投入资本，可以分解成两个意思。第一个意思是"投"，"投"字在词典上的解释是"会意。从手，从殳。殳是一种古代的兵器。合起来表示手拿兵器投掷。本义：投掷。"投的时候，想的并不是带回来什么，而是要命中那个目标。第二个意思是"资"，也就是资金，这是"投"出去的标的物。投资，就是把资金投出去，最重要的是准确地命中目标。炒股，首先在于"炒"字。"炒"字的解释是"一种烹饪方法，把食物放在锅里加热并不断翻动使熟"。"股"自然是指股票。两个字连在一起，意思就是不断地买入、卖出股票，达到获利的效果。

投资是要把资金放到最合适的标的上，而炒股则并不一定是找到好企业，只要能炒得起来，垃圾股也可以飞上天。事实上，"妖股"横行，完全脱离基本面的事情，不管是牛市还是熊市每年都会有。当然过了风口，这些"妖精"都会被打回

原形,只留下一地亏损者在风里凌乱。

股票有两种基本价值:一种是企业价值,一种是交易价值。对投资和投机的划分最简单的方法就是:赚企业成长的钱才是投资,赚市场交易的钱就是投机。在实践中,单纯的投资和单纯的投机都不是太多,大部分人是两者兼而有之,只不过是更偏向哪一端的问题。

炒股,显然要归到以投机为主的行为里。大部分被炒的股票,还是有一定基本面向好因素的,不管是编故事还是短期业绩爆发,炒作的人总要有一个吸引力足够大的噱头,才能把股价拉起来,最后再找个噱头来成功套现撤退。这种机会的把握(有时候,机会也是人为创造的),可以把交易价值尽可能最大化,短期获利往往都是比较大的,但如果节奏没有掌握好,亏起来也一样会非常惊人。

投资,更加关注的是企业的长期发展。如果正在买入的并不是一家上市公司,没有那么好的流动性,这种时候的感受才是最纯粹的投资者心态。想一想,在现实中,一个朋友想和你一起创建一家公司,或者是他的公司想邀请你入股,你最关心的会是什么?

真金白银投进非上市公司,遇到问题时根本没法及时变现,如果做失败了就会血本无归,这种残忍才是投资的真相。绝大部分人在现实中的投资都是谨小慎微的,会更加关心产品性能而不是题材,更加关心客户需求而不是报表。甚至可以说,在这种非上市公司的投资行为中,投资人几乎是没有估值概念的,都是直接算每年分红会是多少,多少年能够回本等这些基本问题。若干年后,投资的收益也是因为企业真真切切实现了自由现金流的增长,而不是哪个接盘侠出了几倍高价来把你的股份买走。现实中这样的"傻子"太少了,总是期待"傻子"出现的人,往往会比传说中的"傻子"更傻。

投资是件非常朴素的事,说得简单一点,就是用好价格买入好企业,然后耐住寂寞,让那些优秀的企业家替你赚钱。但大多数人都不会习惯这种单调的盈利模式。有的嫌太慢,有的嫌无聊,还有的原本在坚守,但也渐渐在他人的嘲笑中放弃了自己的原则。其实,市场最艰难的时候,我们只要回归初心,就不会犯下太严重的错误,更不会带来太大的损失。

别看着那些被估值推高的股价而眼红,更别为了利润在涨而股价不涨而懊悔,就像我们是在做一个没有交易价值的企业,只能靠自己的产品一点点赚取利润,并最终靠分红来兑现收益。有了这样的心态,就不会在市场中过分浮躁,日积月累,我们才会是最后的收获者。

第五节　投资的幸福,却是炒股的噩梦

很多人喜欢把价值投资和投机相对立,其实这只是两种不同的操作模式,本身并无高下之分。价值投资者在市场上一直都是少数,投机的人远远多于价投。但事实上,即便把价值投资者和投机者加在一起,也不是市场上的多数派,大多数人既不会投资也不会投机。

为什么会有"七亏二平一赚"? 因为市场上大部分人都是来拼运气的,对很多人来说,完全是把股市当成了彩票站,根本不懂什么是价值。

30年国运昌隆,股市里大牛股也是屡见不鲜,但凡不贪并且相信常识的人,都会赚到,所不同的只是赚多赚少的事。但不幸的是,大多数人一直都是在亏钱,这就不是投资概率的问题了,而投机就会频繁遭遇这种局面。

A股经过多年治理,虽然还有需要继续提升的地方,但现在的A股已经比

十几年前健康得太多，尤其是近几年庄股越来越少，绩优股的股价不断大幅增长，价值取向越来越明显。但对投机者来说，不管市场多规范，他们都只想验证一下自己的好运。

他们不会研究行业，根本不懂企业，无所谓 ROE，更不在乎什么是自由现金流。但每个人却又身怀绝技，有的善于追涨停，有的善于看龙虎榜，有的喜欢跟"大师"，有的干脆就是相信自己最近手气好。

所以，我们经常看到一种奇观：明明是个毫无发展前景的企业，只是名字里带了个和科技沾边的字，就能变成某某概念股，连续拉上几个涨停板；更奇葩的是，有些要退市的股票，在最后的倒计时中，还会有不少的资金在里面搏杀。

对那些产品前景不明朗，年业绩增速只有 10%，而估值却给到 100 多倍的股票，与其说人们开始认可其高估值，不如说在其估值被炒高的过程中，聚集了一大批价格投资者。哪怕这是垃圾，只要涨出几根大阳线，就一定有人能找出它的十大优点！

这才是炒股！要么大赚要么巨亏。当然，即便是真亏了，他们也只会归结于运气不好，等攒够了钱，还会再来。

太多人对年均增长十几个点的企业是不屑一顾的，认为这都是落伍了的旧经济，其实他们根本不是嫌业绩增速慢，从骨子里看不上的只是股价增速慢而已。至于涨起来的是业绩还是估值，他们毫不关心，或者说是分不太清，他们能看懂的只有红涨绿跌。

说到投机行径，很多人都会表示反感；但投机是会传染的，当一批又一批投机者不断传来赢钱的消息时，很多原本想认认真真做投资的人也开始怀疑自己的智商，陆陆续续地开始了投机生涯。所以，我们会看到无数人在恐惧时更加恐惧，在贪婪时更加贪婪。

对于纯粹的投机者，我无话可说。但对那些偏离航道的"价值投资者"，我还是想劝一句,这纯属利令智昏! 当然,大概率我只会得到一些白眼,认为我所说的都是被抛弃了的老古董,时代早就不同了。

过去 10 年公募基金的真实收益具体见下表。

过去 10 年公募基金的真实收益

年 份	股票型 (885012. WI)	混合型 (885005. WI)	债券型 (885013. WI)	沪深 300	中证国债
2019 年	35.97%	29.48%	5.91%	33.59%	4.28%
2018 年	−25.09%	−13.59%	4.25%	−25.31%	8.64%
2017 年	12.59%	10.11%	2.01%	21.78%	−1.87%
2016 年	−9.14%	−7.80%	0.39%	−11.28%	2.55%
2015 年	31.23%	36.60%	10.77%	5.58%	7.87%
2014 年	28.93%	18.61%	17.82%	51.66%	11.07%
2013 年	14.42%	12.22%	0.98%	−7.65%	−2.81%
2012 年	4.90%	3.78%	7.04%	7.56%	2.64%
2011 年	−23.82%	−21.42%	−3.01%	−25.01%	6.85%
2010 年	3.81%	4.58%	7.12%	−12.51%	1.93%
年化	5.54%	6.00%	5.33%	1.22%	4.14%

从 2010 年到 2019 年,全市场股票型基金的年化收益只有 5.54%。这可是拥有散户望尘莫及的人力、物力和财力的专业机构。而对于一个连财报都看不太懂的普通散户来说,如何能每天想的都是年化百分之几十甚至翻倍的收益?!

事实上,一只能做到年化收益 15% 的基金,就已经是行业的佼佼者了;年化收益超过 20% 的基金,在行业内已经是顶尖的存在。这与动辄几个月翻倍的大牛股形成了鲜明的对比,赚钱如此容易,基金经理的业绩却为何这么"平淡"?!

要相信常识,首先要有自知之明。如果总觉得自己天赋异禀,就会无视常识的存在,最终反被常识教训。世界上没有哪份钱是好赚的,面对那些暴赚的机会,一定要想一想,自己"配"得上这份收入吗;自己的能力、见识和努力超过大多数人了吗;如此简单的掉馅饼机会,为什么会落到一个毫无准备的人身上。

在股市里相信什么都可以,就是不要相信运气,因为它走的时候,绝不会和你打招呼。

看到别人赚钱就觉得自己也可以,看到市场上到处都是某只股票要爆发的消息就赶快买入,看到仓里的股票长时间不涨就认为企业要出大问题,这都涉及人性。股市是低门槛的地方,谁都可以进来,但越是低门槛后面赚钱的难度就会越大。这里是少数人的幸福时光,却成了大多数人憧憬梦想的地方,那么,这些憧憬早晚都会变成幻想。

我们看到一件好东西,它的价格越贵我们购买的欲望就会越低,它的价格越便宜购买的欲望就会越高,对待股价也应该如此,这是投资最基本的逻辑,也是"别人恐惧我贪婪,别人贪婪我恐惧"的基本意义。很多时候,我们身处投资的幸福时刻,却被很多炒股的人当成了噩梦,这个时候要牢记常识,有价值的投资才是价值投资,人云亦云只会变成浮云。

投资感悟碎片之价值篇

1. 赚企业成长的钱是价值投资,赚市场交易的钱是投机,二者并无高下之分,只是风格不同。任何时候,价值投资都是正确的,而投机只能在"有机可乘"的时候进行。水无定形,面对什么样的市场做什么样选择,是为自然。

市场大部分时间都是错的,所以才会有人赚到交易的钱。在 A 股这样大波动率的市场上,纯粹的价值投资是件很难的事情,所以赚钱者一直都是少数。其实,价格投资者一直是市场的主流人群,只不过他们自己都以为是在做价值投资,也不太会寻找时机,最后只能负责买单。

2. 在追求胜率的前提下,尽量提高赔率,这是投资;在追求赔率的前提下,尽量追求胜率,这是投机。一阴一阳谓之道,没有投资的市场便是零和游戏,没有投机的市场也只是一潭死水。投资和投机,是交易的正反两面,互为矛盾,也互为促进。

3. 任何投资盈利都是有概率的,价值投资是以企业的盈利能力为基石,以股票估值为关键指标,这都是相对可靠的部分,赚钱概率会比量化或者技术分析等模式大,但也没有绝对。譬如,现在的估值比合理估值低了一半,但后面企业的业绩出现下滑,价格越跌反而可能估值越高。

遇到这种情况,一些自以为是在做价值投资的人,往往还会继续持有甚至加仓,最后越陷越深。知人者智,自知者明,价投和投机原本没有高下之分,但明明是投机却总觉得自己在做价投,这就很危险了。

所谓的估值,是对企业过去经营行为的一种描述,并不代表着企业未来仍然会保持这样的发展态势。估值的各种指标都是对过去的总结,拘泥于此,无异于刻舟求剑。最重要的还是企业的经营,脱离了企业成长,仅仅因为便宜就去买入,这仍然是投机,而且比一般的投机风险更大,亏损程度往往也会更严重。

4. 司马懿是做价值股的,他已经占据了最大的市场份额,慢慢地只要加深护城河就可以了。他看的是长线,求的是确定性。诸葛亮做的是成长股,面对龙头领跑者必须另辟蹊径,不断挑战。按照"老大"的节奏去发展,长期来看必死无疑,但搏一下也许还有逆袭的机会。

做成长股就是投机吗?巴菲特说过:"成长其实就是价值的组成部分,它构成一个变量,这个变量的影响范围可以从微小到巨大,可以是消极负面因素,也可以是积极正面因素。"可惜诸葛亮英年早逝,让可能的"积极正面因素"变成了"消极负面因素"。

结论:谁活得久,谁一定是价值投资者。中道崩殂的,不管怎么做,都是在投机,这就是历史。

5. 买股票,就和我们在现实中投资企业是一样的,和对方沟通过程中发现人品有问题,或者是双方的理念不合,这个合作是无法成功的。但在股市上,很多人都买了不该属于自己的股票,这就是投机。

买自己看得懂的价值才是真价值,以此为基础的投资才是价值投资。买茅台和中国平安这样价值股做投机的大有人在,他们对茅台的基酒和平安的内含价值一窍不通,一有风吹草动就溜之大吉,追涨杀跌总会有他们的身影。

价值投资和是否满仓、是否长持、是否做波段、买什么股票都没有线性关系,这是一种理念而不是一种行为。价值投资者也只是一种客观描述,并无褒贬含义,事实上这个定义本身就是模糊的。

6. 价值不能保证一直涨,但会永远涨。相信价值,这是时间最好的朋友。坚持自己的原则,价值什么时候都有价值,不管什么品种,总要价值回归,这是价值投资的基本原理。

价值投资最难的不在于发掘,而在于非常时期的坚守与修正。抛除价格涨跌的影响,用企业经营的思维来理解各种现象,我们终将和企业一起进步。

7. 一般来说,喜欢投机的人,在现实中往往也有这样的性格表现:大多左右逢源;而坚持价值投资的人,在现实中大多数都显得比较古板,说话直接,让人有距离感。价值观决定的东西太多了,投资者可以把自己当成孙悟空,不断去找八卦炉修炼,这样才会有火眼金睛。修炼的时候,也许看上去有些东西和投资无关,但价值观到了,投资也就到了。

8. 价值投资者是被价值主导的,价格投资者是被情绪主导的。价格投资者占上风的时候,市场总会让人感到不可思议,甚至会出现很多颠覆常识的事情。但价值之所以为价值,就在于它可能会被情绪遗忘,却永远不会被情绪消灭。

有些平日常将"大师语录"挂嘴边的人,恐慌起来却如黄河泛滥一发不可收拾,究其根本还在于他们只看到了"大师"赚到的钱,而没真正理解那些赚钱案例背后隐藏的原因。

价格总是围绕价值波动,价格投资者也经常和价值投资者混在一起,有时候他们自己都分不清自己的本来面目。只有到了市场给他们最好买入机会的时候,才能看出谁是叶公。

9. 价投与投机的一大区别,不是买入的股票,而是对时间的预期。时间是价投最好的朋友,好企业的长期内生力量,会随着复利的作用,把雪球越滚越大。那些靠市场聚焦来赚钱的企业,时间是它们最大的敌人,因为市场的聚光灯只能照亮一时,等曲终人散,马车还会变回南瓜。

10. 价投的时间可能很短,投机的时间也可能很长,时间不是决定性质的关键性因素。有些股票是时间的朋友,有些股票是时间的敌人,这世界上谁也战胜不了时间,最后都会回归。但很多人想的是在兑现之前速战速决,这连依靠技术都不算,纯粹是在击鼓传花,看谁最后一个接棒。

时间不仅仅是成本,也是收益,更是投资模式本身。每个人都在被自己的时间左右,这会影响他的选股、持仓和获利。出局者都是输在了时间上。

11. 如果你有51%的胜率,时间越久,胜利就离你越近。对长线投资者来说,做短线就是自废武功。

市场99%的时间都是不平衡的,1%的平衡也是事后才被人发现,所以投机的机会时刻都会存在。投机并不是万恶不赦,但做什么自己一定要清楚,如果每次都为了小概率的东西孤注一掷,那就完全没有胜机可言。

12. 小波段择时是小聪明,大波段择时是大智慧;用技术择时是雕虫小技,用价值择时是投资之道。股价涨得越多,回归内在价值的风险就越大,投资的确定性就会越低。价值投资和投机的本质区别,就在于对确定性的要求不一样,再好的价值投资在股价涨幅过大之后,都可能会变成投机。

当股市泡沫泛起的时候,股票的价值会因股价翻番而减少;而当股市跳水的时候,股票的价值会因市值缩水而增加。所以:"别人贪婪我恐惧,别人恐惧我贪婪!"

13. 所谓牛市,很多时候是让人看不懂的,以往的研究结论和知识在这里往往会失效。在看得懂的地方操作靠的是能力;在看不懂的地方操作,哲学会给我们更多安全边际。

去捡人家割剩麦穗的人,总以为只是临时换换场,这边变好了立刻就回来,却经常错过最大一波上涨。做价值投资有时候看起来确实很傻,但价格投资者只是有时候看起来很聪明。

14. 投资的本质是入股,而不是炒股。做投资需要强大的内心,而内心的强大则源于我们持之以恒地学习和对价值最坚定的信仰。价值观决定方法论,我们以什么样的心态去投资,决定了我们的操作和信仰,也决定了未来的风险和收益。

即便投机也是需要专业能力的,而目前,大部分价格投资者连投机都算不上,一开始就把自己的命运交给了未知,能全身而退就算运气很好了。

15. 价值投资与投机并无高下之分,事实上,市场中做价值投资的人一直都是少数的,远远少于做投机的人。即便有些基金经理本身偏向价投,但基金买入者的资金在不断高抛低吸,他们也不得不变成事实上的投机者。

大部分基金都在赚投机的钱,却每天在对市场做价值投资教育。除了具有绝对话语权的投资机构,只有少数个人投资者才能做到真正的价值投资,因为他们能管住自己的钱。

16. 做价值投资,相信的是价值而不是估值。如果企业的盈利能力没有根本性变化,调整会是最好的买入机会,剩下的只需要有耐心。对任何企业来说,风险都是客观存在的,要看企业如何防范。有时候风险就是护城河,并不完全是坏事,优秀的企业会充分利用风险。

有些操作,成功十次失败一次就会前功尽弃,在大部分时间里顺风顺水,也一样经不起一次翻船。对个人投资者来说,有时候赚得少、赚得慢都没关系,不亏便是赢家。也有些时候，风险看起来很大，买入却是投资者最安全的选择。这是个矛盾，只有深入研究才会让它不再矛盾。

17. 投机本身也是一种正常的交易行为，并不是贬义词。现在的科技能力远远不是格雷厄姆时代所能想象的，很多"机"都是建立在大数据和计算能力之上的，是专业研究的结果，跟那些追涨杀跌式的交易完全不同。对个人投资者来说，由于能力和环境有限，这个"机"往往会变成危机，还是远离的好。

当然也有一些天才交易者，但这种人万中挑一，还要倾注超乎常人的努力，普通投资者一般难以企及。守住自己本分的散户，反而可能跑赢大部分"高大上"的投资机构。

18. 我们读投资经典著作，学习的是思想和逻辑，不能简单照搬。事实上，如格雷厄姆晚年都已经在修正自己的一些理论，因为以当时的资讯情况，就已经很难再找到优秀的烟蒂股了。

时间又过去50多年，科技进步早就天翻地覆。关于投资的理念变化不大，但专业的投机早就是一件充满科技含量的事。对散户来说，做投机的胜率也因此越来越小，放弃一些所谓的机会，专心价值投资才是正道。

03

第三章

拥有一颗投资的心

投资是一个修心的过程,我们在纷杂多变的市场中,总会有一些东西让我们面临着是否还要坚持原则的考验。在进入市场的时候,投资者需要时刻提醒自己:好的投资一定是在自己最熟悉的体系中,而要始终保持这个体系的有效和活力,首先要拥有一颗投资的心。

第一节　适应股票，还是让股票适应自己

目前的股票市场上真正的价值投资者少之又少，所以大多数人都会认为下跌是一件不幸的事。但下跌，是"价值投资"最幸福的时刻，也只是属于"价值投资"的幸福时刻。如果一个人对自己所持有股票应有的价值不了解，他当然不会幸福。

例如，只有对一只股票长期研究，深入理解它的内在价值和未来价值，才能在 2020 年三四月份的时候敢于大举买入。那时候的招商银行跌破了 30 元，后来在几个月内涨到了 50 多元，这 70% 的收益对理解招商银行的人来说是无风险的，是敢于重仓甚至融资买入的，比有些人用轻仓赚到的 100%，绝对收益可能还要多。

实际上，市场中大多数投资者都只知道选股，却没有选股策略。他们在选股时并没有完整的指引体系，随机性很强，有时候抓到一只涨得好的股票，便觉得是自己能力超群；如果抓到的是一只不断下跌的股票，就会从管理层到"大 V"进行全面痛斥。引导他们选股的最重要因素，是价格而不是价值，所以下跌时感到不"幸福"，是一件很自然的事。

我们经常能遇到一种人，他们总是能拿到市场上涨幅较大的股票，但年终算收益的时候却并不高。原因是他们的仓里有各种热门股，大牛股仓位并不重，同时他们的仓里也会有很多被炒过头的股票，综合在一起，单只牛股对持仓总收益的贡

献,远没有收益率看起来的那么可观。这也是没有选股策略的一种表现,上涨的时候什么都好,一旦遇到大的回调就很难拿得住,更不要说开心买入了。

很多人会把贵州茅台作为价值投资的经典案例,持有茅台的人很多,但长期收益能接近茅台的却不多。我一直都没找到第二只"贵州茅台",实际上,市场上的其他人也没有找到,即便是2021年之后的贵州茅台,也复制不了其前20年的成功,这是摆在每个投资者面前的现实。这充分说明了即便一只股票再好,如果不是全仓在这只股票上,投资者都需要做好另外一种(或者几种)的选股策略,来填补那只股票之外的仓位。

对个人投资者来说,同时兼顾几种策略,是一件很难的事情,经常会由于策略之间的冲突而反复挨打。有人喜欢不断提升思维跨度,融多种策略于一身;也有人会退后一步,用一种自己最熟悉的策略来投资,这就是适应股票还是让股票适应自己的选择。对普通个人投资者来说,能把一种策略贯彻好就已经非常不容易了,所以尽量不要贪多,要想跑得先学会走才行。

和绝大多数人一样,我自己也是从懵懵懂懂中开始做投资的,那时候,市场上价值投资还很少有人提及,可以学习的书籍也不是很多,前期走了很多弯路。希望未来的投资者能比我们这一代更加幸福,能在入市的时候便走在一条越来越宽的大道上。

第二节　少一些选择,也许可以得到更多

几年前,我曾经在仓位策略上,有过很长一段时间的纠结,主要考虑的是我

应该集中持有,还是应该分散买入。对有些投资者长期持有很少几只股票,有的甚至满仓满融一家企业的模式,我还是持保留态度的。因为上述的这种做法,上涨的时候能够把所有的涨幅都"吃到",但在下跌的时候,就会因为没有其他持仓来分担风险,变得非常艰难。

某日,我在和一位成功的企业家聊天,忽然想明白了这个问题。这位企业家是一位身价几十亿元的老板,他没有买任何投资类产品,住房也只有一套。他所有的财富都在企业里,由于是重资产行业,企业的现金流并不很好,经常要为申请贷款而头疼。可他就是在这种环境里一点点做大的,20多年时间里从一个几十万元营收的小公司,变成了国内排名前列的著名企业。

他也曾经考虑过投资一些相对轻松的行业,既不用一直这么辛苦,又可以规避行业周期带来的风险。但20多年来,看着一个个行业内的朋友在其他领域里不断碰壁,他几次下定的决心最终都没有变成现实。他就一直这么辛苦地赚钱,而20年前那些差不多在同一起跑线上的人,单就财富而言,早就被他远远地甩在了身后。

如果从投资股票的角度来理解,他实际上就是在单仓一只股票,而且是绝对的满仓满融。他选择的是传统的制造业,20年前就是没人愿意做的低毛利产业,赚的都是血汗钱。但他成功了,不但超越了自己,也超越了自己的时代和环境。

我们做投资的时候,看到的都是一个个股票代码,其背后的具象,是由一个个数字勾勒而成的。我们听到的传奇故事,也是某些投资人重仓买入了某企业的股票,几年赚了多少倍等。实际上,在资本市场上最大的受益者,并不是这些投资人,而是那些企业的掌控者。他们持有最大的股份,并且大部分身家都在企业里,我们感慨某天遇到了大跌,仓里亏掉几十万元的时候,而他们在几个小时内的浮亏,可能就会达到几亿元甚至是几十亿元。

对这些商业精英来说,为什么不把扩大再生产的钱拿去买茅台或者五粮液的股票,反而还投资在自己一年只能赚十来个点的传统企业呢? 也许是他们安于现状,也许是他们只相信自己能掌控的东西,也许我们看到的只是幸存者偏差。但不管怎么说,总有一些传统的企业经营者,他们走得不快,但却一直在走,一直向前。如果这些人想的都是股票,都是交易,恐怕他们并不会有今天的成就。

翻开 A 股的历史,我们可以看到很多曾经辉煌一时的名字,如今已经烟消云散了。人要是太投机,很多事就很难坚持。每个生意都有自己的瓶颈期,而聪明人总能发现新的机会,让自己不必那么煎熬。但历史会告诉我们,总是能找到更好机会的人,可能会占尽便宜,但也就是占些便宜而已。一个企业的长期成功,更需要那些勇于面对艰难和枯燥的人,有些原则必须要去坚守,哪怕看起来这并不聪明。

当然这样说,并不是建议大家都要像那位老板一样集中投资,更不是建议大家只买入一只股票。他集中在一个点上,是因为他比任何人都了解这个企业的价值,并且可以掌控企业的发展模式。一个普通投资人,如果没有足够的理解,就不要随意复制,这很容易变成邯郸学步。

我们可以借鉴的,是那种做企业的态度。投资在本质上就是在做企业,如果我们买入每一只股票,都能当自己是在收购一家企业,并且是收购了一家非上市企业,完全不考虑后期的流动性,我们的思考模式就会相对炒股思维发生根本性的变化。很多的伟大都是被限制出来的,少一些选择,我们也许可以得到更多。

第三节 投资收益率,是目标还是结果

但凡进入股市开始自己投资生涯的人,都会对未来的收益有一个预期的目

标。有些人想要的是超过理财产品这样的低风险利率就行,这是为跑赢通胀而投资的;也有些人则对未来做了几年翻倍的预期,希望靠股市来改变自己的命运。

对未来投资收益率的预期,是投资风格的起点。希望每年收益30%以上的投资者,对那些传统行业往往是不屑一顾的,他们更偏向于一些弹性比较大的板块,譬如科技、互联网、医药等,这时候投资者看中的是赔率。

而每年有10%的收益率就很满意的投资者,则更看中胜率,他们往往喜欢那些长期业绩被证明过的公司。这些企业的行业地位牢固,营收和利润的增速都可以保证一定的底线,暴雷的机会相对小很多,更重要的是有稳定的股息。

不管是看重赔率还是看重胜率,对投资者来说,都面临着一个根本性问题:是按照预期投资收益率的标准去选择企业,还是根据自己所能理解的企业去接受最后的投资收益率?

如果投资者在擅长的领域里,找到了理解最透彻的企业,而这家企业的长期利润增速正好与投资者的预期相匹配,这就是最好不过的事了。但现实中,很多时候都是事与愿违。譬如,投资者希望能有30%以上的年回报率,但所买入的企业利润增速只有10%,那就只能指望估值的大幅拉升才能实现目标。

业绩的增速是可以推算出来的,但在估值没有处于一个特别高或者特别低的极端位置之时,谁能预测出估值的涨跌幅度和启动时间呢?对这位投资者来说,要么就守株待兔式地等下去,看看有没有足够的运气把估值等上来;要么就只能调仓换股,去选那些看起来利润增速更有保证的公司。

但问题是,能够达到他预期收益标准的公司,可能是他先前研究较少的,甚至可能是他从来都没有涉及过的领域,他的进入就意味着把命运交给了市场,放弃了自己的主控能力。在一些所谓的牛市里,我们经常能够看到类似的操作,这时候赚到的钱,实际上只是靠运气得来的筹码。

价值投资的一大必要条件就是不懂不做,只有理解得足够透彻,我们才能更从容地面对股价的起起落落,才能更清醒地判断出短期业绩是否会从根本上改变企业的长期发展趋势。实际上,所谓的投资收益率,只是选择一个优秀而且自己能够看得懂的企业之后迎来的必然性结果,不要本末倒置。

根据投资收益率去选择企业,往往都是有目标考核的机构去做的事。他们有足够的财力和人力,能够在较短的时间内完成对目标企业的调研,有时候还可以直接付费买入行业内最有价值的投资建议,这是普通的个人投资者所无法做到的。

普通的个人投资者能做的,就是通过深入研究那些能力圈之内的好企业,在其估值相对较低的时候进行买入,对于投资收益的预期,不要过分在意。如果觉得这样的选择,实现的收益率太低,那我们要做的应该是努力扩大自己的能力圈,而不是先买入新标的再慢慢去理解:因为,这里的学费可是很贵的。

每天都有涨停板,赚钱永远不怕晚。我们都赚不到自己认知以外的钱,如果想有长期稳定的高收益,那就得让自己的学识配得上这份回报才行。但行耕耘,莫问收获,别把投资收益目标当成方向,那只是个结果。

第四节　好运气赚小钱,好习惯赚大钱

价值投资最难的地方,不是千股跌停时守住自己的股票,而是别人都涨只有自己不涨的时候,是否怀疑自己。就像跑马拉松,对所有人来说最后5公里都是艰难的,但放弃的人却很少,因为哪怕是走也要对得起自己前37公里的努力。但从10公里以后,看着周边已经热完身的跑友纷纷加快速度,从自己身后不断

超越的时候,新手很容易就被别人带了节奏,后面大概率是会跑崩的。

弱化板块专注个股,多看估值少看股价,这才是价值投资的本分。你失去的是短期位置,但要明白你不是来跑 5 公里健康跑的,你的终点是 42 公里 195 米。目标决定心态,真价投能拿住好股的原因,就是有更高远的追求。如果你的投资目标是 10 年 10 倍,那就不要为凭运气搏来的这点收益改变自己的体系,这得不偿失。

投资和下棋一样,"宁让一子,不让一先"。而改变自己的投资体系,让自己习惯的策略发生根本性动摇,这是极其危险的一件事情,比"让先"的危害更大。习惯是比赚钱更重要的事,好运气赚小钱,好习惯才能赚大钱。何况,对一些大资金的投资者来说,押上 1/5 的仓位,即便运气好全身而退,对总仓位来说收益也不具备很大的意义。

但赚惯快钱的人,想继续守股,却很难。我见识过某著名的价值投资者改弦易辙的故事,但结果并不怎么好。

博"傻"游戏,能笑到最后的永远只是极少数人,行情越大赔钱的越多,每一次都不例外。譬如,有投资者对科技股感兴趣,那么在买入之前,应该先看看东方通信、方大炭素、吉艾科技这些曾经著名的大牛股,看看它们都经历了什么,现在又在何等境地等。很多所谓的科技股,并不是靠业绩来提升股价的,而是被估值所推动,在产品的科技能量还没有真正体现之前,其 PE 就已经超过了 100 甚至更高。

股票只在极少的时候又赚业绩又赚估值。不管赚业绩的钱还是赚估值的钱,都是钱,不同的是赚业绩的钱又安全又确定;而赚估值的钱,虽然浓烈但总是短暂。大部分人亏钱,都是因为想把估值的钱赚到底。

热钱流动很正常,但只要价值在,钱早晚会回来。真正的全马,是从最后 5 公里开始的;真正的价投,是在暴涨暴跌中体现的。有时候看着一些股票被炒上天,那只是意味着另一轮下跌的开始。在资本市场上只要活得久,总有几轮大行情会属于你,不要急在一时。

第五节　胜率第一,还是赔率第一

一个人对股票的选择,归根结底是他在胜率与赔率之间的取舍。选股的核心是确定性。确定性,拥有能算得很清楚的利润,并且这种增速能够长期保持下去;也可以带有一定的变数,但如果成功,后期会有爆发性的利润空间。前者胜率大,后者赔率大。

股市里胜率大而又能保持高增长的标的不多,贵州茅台的稀缺性就在于此,虽然企业明确提出未来不会长期保持高增长,但市场仍然愿意给出几十倍的估值。随着 GDP 增速的下降,行业龙头的整体增速也在下降,未来能长期保持在 GDP 增速 1.5 倍以上的企业,在高胜率的股票中就已经是很好的了。

而要想寻求短期的高收益,只能去找那些赔率大的标的。这些企业当前未必会提供稳定的利润,但拥有良好的前景,一旦突破瓶颈,后面的利润就会跨越式增长。这种股票在科技、互联网和医药行业中展现的比较多,前期的高市盈率未必是企业没有赚钱能力,只是巨大的获客成本或者研发费用降低了收益。如果研发或者导客成功,短期内就会取得远超投入的回报。

A 股 4 000 多只股票,真正有爆发力的好标的并不多,但是,就像很多天使基金,投 10 个创业项目能成 1 个,就可以取得数倍的回报,这就是赔率高的好处,对一些明星企业给出高市盈率也就可以理解了。但这种标的常常是一将功成万骨枯,除非对企业了解得特别透彻,否则重仓单股的风险还是比较大的。倒是指数基金收益会稳定一些,但它的涨幅肯定比不上领涨个股,这还是胜率与赔率的关系。

到底买不买,或者买了持有多少仓位,说到底是对胜率和赔率的选择问题。有几个人相信中国平安的市值会长期只有 0.7PEV,建设银行只能给区区的

0.7PB？但很多人还是下不了手，这是追求赔率的，想用最小的代价赚最多的钱，哪怕后面有可能踏空。

也有人不管大盘或个股还会跌多少，到了够便宜的价位就大胆买入，任凭后面过山车如何颠簸，钱是赚定了，只是多少的问题，这是追求胜率的。

持仓的胜率和赔率，在表现上与选股有所不同，但性格决定命运，这点都是一样的。

第六节　仓位和收益率，都是投资中的伪命题

仓位和收益率都是大家常用到的名词，但在实际应用中，这两个看起来很清晰的概念，却可能和很多人想的大相径庭。其实，每个人对仓位概念的理解都不一样，这也决定了个人的操作风格。

有的投资者不留现金，资金都在股市里，他的仓位就是所能调动的全部现金。而绝大多数人，在股市里投入的资金恐怕都只是家里现金的一小部分（全国股民所持市值 1 万元以下的超过 1/4，10 万元以下的超过 3/4，50 万元以下的超过 95%，这明显与国人财富不符）。

不算那些股市的投入资金还不到其半年工资收入的人（这部分人相当于有源源不断的流动资产），就仓位压力来说，把现金全部投入股市的人，其半仓就相当于很多人的全仓了，后期同样的收益率，绝对收益会相差很多。

另一个概念是收益率，这是很多人喜欢比较的，但对基数认定的不一致，导致每个人的收益率有时候并不具备可比性。过去十几年，我不管手里有多少现

金,每次买房子的时候,都是用按揭贷款的,并且除了卖房,从来不会提前还贷。我手里的贷款基本都是 8 折利率,有些早期的甚至是 7 折利率,综合利率 4% 多一点,一些个股的股息都可以覆盖了,还不用担心平仓。

我是从来不用券商融资的,但如果个人净资产之外的股票资金都算作杠杆的话,那我一直都是杠杆使用者,十几年来一直都没变过。

从 2014 年我开始严肃投资算起,7 年时间我的收益超过了 8 倍,但如果算上杠杆,就已经超过 10 倍收益了。我自己的算法,都是按总资产来算的,毕竟借来的钱也是钱,这些都要算作自己投资能力的分母部分。能证明自己投资能力的,是总资产收益率,而不是净资产收益率。这方面我认为企业和个人是不一样的。

做上述审述,一方面是因为我经常在网上公布自己的仓位,在这里把算法和大家做一下解释;另一方面,我也想提醒一些投资新人,不要被别的投资者把自己的节奏带跑了。即便大家说的都是实话,但每个人的仓和收益的概念也都是不一样的。能达到自己的目标就是成功,不要过分看重别人的操作和收益。

投资感悟碎片之修心篇

1. 做投资,不是把财务报表看明白就行的,如果了解一个企业只是看报表这么简单,那么活生生的人可能都被看成照片了。做投资,也不是理解了企业经营就能成功的,企业是客观的,但投资人的心理却是在时时变化的,以不同的心态看同一家企业,可能会得到完全不同的结果。

投资,需要从心做起,外物种种是需要孜孜不倦去学习的,但胜人者有力,胜己者强,不真正明白自己的心,控制自己的心性,即便选股再好,择时再准确,也很难取得最后的良好收益。

2. 人"心无挂碍,无挂碍故,无有恐怖,远离颠倒梦想",股市各种流派皆有所长,为我所用,何必厚此薄彼。你有两扇门的时候,谁给你的并不重要。你少一扇门的时候,路就窄了一半。

3. 很多人赔钱的原因,源于过分在意短期涨跌。有涨就有跌,有阳就有阴,只看到一面却不愿意承认另一面的存在价值,最终会失去整个天空。顺其自然是最好的,该跌不跌只会有更大的麻烦。

4. 每天在太阳里寻找黑子的人,只能生活在阴影中;每天只能看到太阳却看不到阴影,世界一样不真实。市场不需要过分乐观,需要的是客观。事实上,过分乐观之后往往就是过度悲观。

有很多投资者,听不得持有股的半点不好。这种盲目,实际上是对优秀企业最大的不尊重。世界上没有完美人,也没有完美的企业,那种掩耳盗铃的持有,经常会带来相反的效果。很多鄙视某只股票的人,也许就是当初盲目乐观的那个。

5. 目前,股票市场90%的人是亏钱的,里面大多数都是聪明人,聪明人最大的问题是不愿用笨方法。不赔钱的根本是不贪心,但总有人无知无畏,总想快速翻倍。其实,只要时间够久,总有几轮大行情是属于你的,何必着急。

"聪明人"有足够的能力在反思中把罪责留给别人,所以行情重复发生的时候,损失也会原样再现。

6. 炒股就如同在修心,你怎么对待股票,股票就会怎么对待你。无分别之心,才有进阶之道。今天的知识就是明天的收益,诚于人诚于事诚于己,才是让自己迅速提高的正道。

大部分人与别人争论,其实都不是想说服别人,而是为了说服自己。即便知道所谈的概念不一样,也会先把自己的理论说完。知人者智,自知者明,能够量力而行,不受外界干扰的人是很难赔钱的。

7. 很多人都是一山望一山高,对发现一只有大涨可能的股票欣喜若狂,每天乐此不疲。而对手中其实也很好的股票,却经常始乱终弃,轻易买进,贸然抛掉。每个人的精力和能力都是有限的,一个百万元以下的账户,3年时间深耕5只股票就已经很不容易了,但对很多人来说,一个月可能就会完成这个指标。

如果做不到比所持有企业99％的员工更理解它的发展前景,就不应该买入这只股票,但现实中有几个人能做到? 会一万种方法的人,是天才中的天才,对个人投资者来说,把一种方法练一万遍更现实一些。能做到这一点就可以跑赢95％的投资机构,所谓的"财富自由"也就不远了。

8. 一亿元对有的人来说确实是小目标,一天就可以赚到。但对绝大多数人来说,总想着实现这个"小目标",那就是贪,很多人会因此血本无归。量力而行,赚能看明白的钱,这才是长久之道。

我不会为自己控制不了的事情而抱怨,也从不为自己赚不到的钱而哀叹,一个人走不了别人的路,做好自己比什么都重要。

9. 开悟容易证悟难,我们经常能看到很多道理,但告诉我们这些道理的人,自己也很难做到。投资是一个修心的过程,有人能浑然天成,即便懂得东西不多,也能得善果。而大多数人却是苦苦追寻,反复煎熬,仍难逃无明之苦。

这些人只能紧守己心,小心求证,上下求索。这样会错过很多,但所求一枝一叶足矣。万紫千红是可遇不可求的,有了那是幸运;没有,那是人生。

10. 有些劳动是当期的,有些劳动是长期沉淀并不断释放的,还有些劳动不是出自商品制造者,而是出自渠道传播者甚至商品购买者。从更长的时间周期来看,有些劳动被透支了,仍会还给商品。

有些人凭着一些运气赚到了一些钱,但可怕的是这些人会在自己后面的投资生涯里,不断去重复所谓的牛市经验,就如同守株待兔。长期赚钱的方法都差不多,长期亏钱的模式也差不多,股市就是循环往复的过程,经过的周期多了,路也就越走越简单了。

11. 股票会以你对待它的方式来对待你,对自己的股票不用心,股票对你会更"不用心"。所有的成功都有运气成分,但高手总会将运气转化成收益。而新手怕有运气的时候,却往往意味着不幸的开始。他们的一大特点就是,总觉得别人之所以能得到那么多,都是和他们一样不劳而获。

12. 价值投资就像围棋,不能看几本书就以为学会了,背几个定式,就觉得能走遍天下。到了棋盘上,简单的黑白二子,却变化无穷;两军对弈更时时刻刻体现出对心性的打磨,对情绪的煎熬。

13. 投资原本就是世界上最累的事情之一,股市就如提款机,你能取多少取决于你存进去多少以及你的能力高低。我们生在一个最好的投资时代。永不满足永不懈怠地努力,这个时代就会给你永不间断永不破灭的希望。

14. 所谓的投资能力,不一定就是当下的收益要超过多少人,而是时刻知道市场在做什么,自己该做什么,收益只是做出正确选择后的结果。不是每一件事都能做对,但一定要有自己的原则,超过自己的理解能力就该卖出,当自己能理解它的时候就该买回来,股价高低并不重要。

投资永远是一件孤独的事,当一众豪气干云之际,往往都是最危险的时候。

15. 大部分人做不了价值投资,不是因为不了解价值,而是因为他们总把价格放在价值之上。做价值投资有一个关键点,就是需要穿透股价,深入理解企业的真正价值,而这一点是市场上绝大多数投资者所做不到的,所以价值投资天然就是小众。

从成交量就能看出,在最好买点出现的时候,大多数声音都是负面的。有些人在赚钱的机会来临时,却只会发出鄙视的笑声。非常时刻是从众还是相信自己的判断,对投资者来说是一个决定性关口。

买不买不是看市场怎么样,而是看你对企业的信心。如果只是因为股价涨得快才买,那股价下跌时最好赶快离场,因为你的买入条件变了。如果是因为企业内在价值买的,那价格下跌时,其价值会进一步增加,正是购买之时。

16. 有的估值在纸上,有的估值在心里,纸上的关好过,心里的关难过。从心理认可的低估,才是真正的护城河。买入的时候,如果不是从心里认可它的低估,账面如何便宜都不会让人安心。

这种心理认可的低估,永远不会出现在种种投资技术和分析上,它源自经营,源自生活,源自常识。买股票就是买公司,可绝大多数人都把公司当成了股票。

17. 段永平是认可现金流折现法的,但他也说过:"未来现金流的折现不是算法,是思维方式,不要企图拿计算器去算出来。"数据的价值是可变的,同样的数据在不同人的眼中有不同的意义。用定量的方法,最终只能作出定性的分析。其中的变数,就是投资人的价值。

18. 市场上绝大部分投资者都是亏钱的,多少年来这个事实一直没有改变过。究其原因,这些人都是把股价放在了第一位,判断自己成功的标准是股价涨了,判断别人失败的标准是对方的持股价格下跌了。投资是要赚钱的,股价涨了当然不是坏事,但不清楚什么原因导致的上涨,早晚都会把钱还给市场。在这个市场上要想长期生存下去,最重要的是时刻都明白自己的原则是什么,甚至有时候要为了原则放弃一些赚钱的机会。有些钱不赚,才能赚得更久。

有时候所谓的牛市是一个吹泡沫的过程,把估值的变态性提升当成是自己的投资能力,这是一件很可怕的事。多研究企业,明白它的内在价值,知道它的发展趋势和现金流变化,这才是投资者要专注的事情。赚到钱的时候一定要明白,哪些是踏实的,哪些是早晚要还回去的,这样就不会过分高估自己,"更健康、更长久"也就离我们不远了。

19. 天地不仁,以万物为刍狗。物竞天择,只讲兴替之理,而不会顾及太多人情。历史不会在意个人感情,它只会前行。

历史就是在进化与抗争中不断循环的,有时我们是进化的一部分,有时是抗争的一部分,但大多时候,我们是没有写进历史的那一部分,或者我们都是历史的一部分,但历史不是我们的一部分。

一页书翻过,无数情仇就都做了土。很多事都已经被遗忘,但改变不了它们曾经存在过的事实。卿卿我我,还是邈若山河,自己心里明了就好。

04

第四章
投资方法论

　　方法论是价值观的具体应用，虽然说大道至简，但这个"简"字也是在经过了长期的沉淀之后，才会出现的精华聚集。投资没有那么复杂，但也没那么简单；行之有效的方法不必多，但要把它融在血液中，这样才能让自己始终处于安全的境地，也始终保持着对市场的正确反应。

第一节　生意逻辑是投资的起点

股市里最重要的是什么？

投资中，我遇到过很多特别会算账的人，但却总是屡战屡败。其实我看过一些他们的"账本"，还是很佩服他们的，至少我自己是算不了这么细的。但是我们是来做投资的，不是来比谁算账厉害的，并且算账和估值绝对是两回事，估值和股价就更是天差地别了。

另外，还有一批人，他们嘴上挂着 K 线，头上顶着波浪，手里捏着 MACD，心里还在反复对比着量能变化，计算着时间窗口，这就是价投派的"死敌"——技术派了。

技术派的座右铭是"价格包容一切"，这句话很有道理，每当各种分析都没用的时候，技术派总是能让人眼前一亮。但技术派最怕的就是"黑天鹅"；就像一个老师傅，什么套路都见过了，可突然蹦出来一个不按常理出牌的家伙，就变成"乱拳打死老师傅"了。"黑天鹅"事件时有发生，尤其赶上熊市，就仿佛进了地雷阵，每天都能见到一批又一批的引爆器，这只能让技术高手们长叹不已。

买股票就是买企业，对财报和 K 线的种种分析都是必要的，但相对而言，这两项都是枝端末节。买入一个企业，就要先搞懂它为什么会存在，或者是它想要变成什么样子。如果这个基点都出现问题，那我们所分析的数据可能是假的，见到的 K 线也可能是故意做出来的，所有能让我们看到的东西可能都是梦幻泡影，随时可灭。

"七亏二平一赚",行走股市无异于行走于刀刃上,必须安全第一。要想安全,最重要的就是明白所选标的的生意逻辑。是的,就是这四个字——生意逻辑,最基本也是最重要的四个字。贵州茅台不是最贵的白酒,但在任何一个宴会上,拿出一瓶飞天茅台绝对不会"跌份儿"。

我们买贵州茅台,买的就是它顶级的社交品牌;

我们买工商银行,买的不仅仅是它的利润总额,更重要的是因为它是中国经济的定海神针;

买中国平安,买的是全牌照金融服务产业链;

买腾讯控股,买的是连接一切的社交体系;

买融创中国,买的是地产集约化。

商界沉浮 20 多年,我见过很多企业的兴起和衰落;我自己创建过企业,也亲手结束过企业;对企业的理解,更甚于股票本身。股价的起落很难判定,但企业的发展总是有其规律的,如果一个企业连最基本的生意逻辑都无法让人信服,那么这种企业只有两种可能:

(1)它已经伟大到超凡脱俗了;

(2)它原本就是异想天开的产物。

生意逻辑,这是行走股市第一要素,谨记。

第二节　财富源于聚沙成塔

我是在实现了财务自由之后,才开始做的职业投资。拼命赚钱的那些艰苦岁月,对一个人的改变是从身到心的。这些经历让我明白,很多事物背后的原理都会相通,实体和股市背后的逻辑也基本相同。如果一个人找你投资一个生意,告诉你年回报率是200%,而且不需要培育期,你会想到什么? 我脑海里就会立刻出现四个字——"庞氏骗局"。

投资的朋友大多都是有很强的辨别能力的,遇到这样的事冷静的人会占多数。但为什么这些人到了股市就会心态失衡? 总想不经过风吹雨打,点一点鼠标资产就会翻倍,做个两三年就能实现财务自由呢?

机深祸更深,在股市里,危险总是与欲望成正比的。年回报预期超过100%,这一年赔掉一半仓位的可能性恐怕也要超过50%。我开始投资后,第一年买的是黄金,仓位只有5%;第二年开始买股票,仓位也只有10%,但这两年赔得都很惨,但两年加在一起的损失,放到现在一天就全赚回来了。我的原则是,入市仓位一定要和自己的能力匹配,更要和市场环境紧密相连。

股市赚钱容易吗? 容易,美国股市200年的投资回报是100万倍(扣除通货膨胀因素),上证指数25年也涨了30倍(名义增长)。

股市赚钱难吗? 难,"七亏二平一赚",只要稍有盈利,你就是数千万股民中那领先的10%。

增长与赚钱之间的差距太大了,差在哪呢? 就差在一个"贪"字。为什么2015年那轮牛市成了杠杆牛,触顶之后,经过了持续3年的下跌才开始稳定回升? 就是因为低估了很多炒股者那颗"贪婪"的心。

一个围棋高手,是不会像初学者那样动不动就近身肉搏的,一个局部只要有两目的便宜,全盘算起来可能就是十几目的巨大优势。如果长期年化收益率的目标是30%(长期来看,这是一个很高的收益了),一年当中总有三两波行情,每一波如果能赚到10个点就已经很不错。这些累积起来是什么概念呢? 8年一轮牛熊周期,如果做到每年30%的收益率,100万元就会变成815万元,8年净赚7倍。对于追求更加稳健的投资者,一波行情只要实现5%的收益,一年累计收益做到 15％,8 年下来也有 2 倍多的盈利。

聚沙成塔,先割断自己的贪欲和急躁,在点滴中稳步前行,这就是稳赚的真谛,也是不赔的前提。

第三节　股市生存需要逆心而为

股民都喜欢牛市,我也喜欢,但我却爱熊市胜过牛市。牛市中高歌猛进的时候,我总是感觉紧张,因为手中的股票正在离安全边际越来越远。熊市更让我兴奋,因为也就只有这个时候才能对很多企业以低廉的价格买进。

这些年我能实现稳定盈利的核心原因,就在于我低位敢于买入,高位大胆卖出。股市有句老话,叫"会买的是徒弟,会卖的是师傅"。最开始我也深信不疑,但现在我更关心买入的时机,只要你买得便宜,卖不好也不过是利润没有最大化而已,总之还是赚的。但要是买的价格太高,有可能不管怎么卖都是赔钱的。

股市反映的就是人心,一个 70％ 人都赔钱的地方,如果总是和大多数人同进共退,也就意味着你把自己放在一个非常危险的境地。要想在这个市场上活下去,就得学会逆心而为。

举个竞技体育的例子,有些竞技项目是不对抗的,譬如体操、跳水、滑雪;还有些项目是对抗性的,譬如足球、篮球、拳击。对抗性项目中选手的发挥起伏会比较大,你强大了可以表现出色,但对方如果比你强大得多,会让你看起来像一个弱者。

炒股是有一定资本门槛的,进入这个市场的人多少都有些自负,毕竟大家手里有钱才有交易资格。开融资、期指、港股通和科创板的门槛更高,买的人现实中成功的经验自然也更丰富一些。所以,很多人在股市里尤其是在牛市里,常常信心爆棚,孤注一掷,觉得自己已经找到了千载难逢的良机,甚至是别人没有发现的暴赚标的。可在股票这种市场上,哪有那么多一夜暴富的机会留给我们?

最开心的时候,往往就是要掉入最大陷阱的那一瞬。因为我们的对手,信息比我们快 10 倍,学识比我们强百倍,人力比我们多千倍,财富比我们多万倍。更可怕的是,我们在股市上的对手是看不见的。不管是小散户还是大机构,稍有不慎,便会出现深套、爆仓甚至清算之忧。

在股市上,不同的操作模式,所面临的对手也是不同的;而对手的不同,决定了我们的投资命运。如果一个人入市,仅仅是想跑赢通胀,拿到比银行理财产品略高的收益率,那他的安全边际就已经很高了,毕竟大资金的成本比他的预期收益还要高,根本不会顾及这些边边角角的利润。

要是一个投资者入市是为了三两年内实现所谓的财务自由,追求的是 3 年 5 倍甚至是更高的收益,那他就会变成股市公敌,因为有太多人抱着这种想法来交易,哪能随便让人带走这块肥肉。如果谁想每年翻倍,那他面临的局面可能是九死一生,不管是谁,只要有机会都会先把这种食量大的先灭掉,否则狼多肉少根本就不够分。

这个道理很容易被理解,但真正入市的时候,恐怕就没有多少人愿意执行了。股民们总是觉得自己的选择是正确的,总是幻想着买入就能连续大涨。股市如同是个遍地"金光"的战场,也许刚入市的时候心态还能稳定,但会越赚越"贪婪",也会越赔越想回本,由此导致待得越久"玩"得就越大,最终总是输在最关键的那一手上,血本无归甚至倾家荡产。

还没被打垮的人,则常常掉到另一个极端,稍有风吹草动便浑身发抖,跌了不敢买,涨一点就赶快出手。可卖掉之后遇到连续上涨,便按捺不住又恢复到原来的心态,一点点追高,最终又被套牢。

　　股市里循环往复的就是这样一个故事,日复一日地上演,年复一年地被套牢,纠结的关键都在这颗"心"上。放纵自己的心,就是在把自己的命运交给别人;随心所欲,你的底牌便会清楚无遮地呈现给对手。面对市场,我们要有"畏"心,绝不侥幸、绝不走捷径、绝不孤注一掷,不管牛熊涨跌,始终坚持正确的交易原则。

第四节　盘外无物才能全力以赴

　　即便是有多年经验的老股民,也经常如浪花一般,今天有人在浪尖,明天有人在浪底。投资总要承受这样的起起落落,原本并没有什么,但有太多的人在潮来潮去中迷失自己,会在浪尖上直接摔下,也会在浪底一蹶不振,究其根源不外乎"利令智昏,惊慌失策"这八个字。

　　一块半米宽 10 米长的木板,如果放在平地上,每个人都能很轻松地走过去。但要是这块木板架在两个 10 米高的平台之间呢?大部分人都会两腿发软,不敢前行。如果这块木板是搭在百米高空上,恐怕很多人看一眼都会晕。木板还是木板,还是那么宽那么长,但不同的高度上,人的感受就会变。

　　投资看起来是世上最简单的事,动动鼠标就可以了;但实则是世上最难的事之一,只有最优秀的 10% 的入市者才有赢利,而能够长期稳定盈利的,恐怕就是万里挑一了。为什么如此之难?因为很多行业依靠的是知识的积累,而一个优秀的投资者除了必要的知识储备外,更重要的是对心性的磨砺,其中最难的便是盘外无物。

韩非有一篇寓言:赵襄王学御于王子期,俄而与子期逐,三易马而三后。襄王曰:"子之教我御术未尽也。"对曰:"术已尽,用之则过也。凡御之所贵,马体安于车,人心调于马,而后可以进速致远。今君后则欲逮臣,先则恐逮于臣。夫诱道争远,非先则后也。而先后心皆在于臣,上何以调于马?此君之所以后也。"

翻译过来就是:赵襄王向王子期学习驾车技术,没多久就要跟王子期比赛。赛时,他三次改换马匹而三次都落在王子期后边。襄王说:"你教我驾车的技术一定留着一手,没有完全教给我。"王子期回答道:"我已经把技术全都教给您了,只是您在使用的时候有毛病。不管驾驶什么车辆,最重要的是马套上辕,要跟车辆配合稳妥;人赶着马,注意力要放在人的指引与马的奔跑相协调上。然后才可以加快速度,跑得很远。现在,你在我后面,一心只想追上我;你在我前面,又怕我追了上来。其实,驾驭马匹长途竞争,不跑在前面便是落在后面。而你在前在后,注意力全都集中在我的身上,还顾得上与马匹的奔跑协调一致吗?这就是你落在后边的原因了。"

很多投资人,心态总被外物所引导,耳边总是听到某某3年10倍之类的传奇收益,很多人便会生出过于膨胀的收益预期,直接导致自己对仓位的控制出现问题;而一旦被套,又会掉入另一个怪圈,不断补仓,越跌越深,甚至常常会有毕其功于一役的想法,这就更加危险了。

也有自己操作收益优秀的投资人,开始踏上职业化之路之后,除了原来对股票的研究,不可避免地也要关心基金排名,关心基金投资人的看法,有时候赚钱了还觉得远远不够,还想要排在一定名次之内才能稳定已有资金,并加大对外部投资者的吸引。这其中的心态变化,便与当年的赵襄王无异了。原本作为普通小散户时,可以专心于股票本身,如今却需时时关心业绩,关心排名,关心他人的看法,"先后心皆在于臣,上何以调于马? 此君之所以后也?"

盘外无物,这是交易者最重要的核心原则之一。不管别人从身边跑过,也不管身后还有多少人在游泳,不管市场是风调雨顺,也不管大盘到底跌到多深,时时刻刻都知道自己在做什么,知道自己下一步该做什么,并一如既往地完成自己的计划,这才是最重要的。

第五节　学会左右互搏术

市场分左侧和右侧,但很多人却似乎并不在意这些,只专注自己的持股价值。但不管你拿不拿伞,天都是要下雨的。如果你选择的是穿越牛熊,这也没问题,但问题在于一是你能不能穿过去,二是你穿过去了还能剩下多少子弹。

我反复挂在嘴上的,就是"我爱熊胜过牛"。熊市里越跌越让人兴奋,满地"黄金"经常让人眼花缭乱,什么都想买点;可到了牛市,我却会经常看着高涨的K线两眼发呆,完全离谱的估值啊,买还是不买? 买,真的太贵了,不买,它是天天在涨。真要赚钱,就别把自己放到那种选择的境地里,未雨绸缪才是老股民所为。

牛市与熊市就如白天与黑夜,白天之所以精力旺盛,关键在于夜里能否睡个好觉。熊市是左侧,牛市是右侧,单纯分开就违背了市场的一致性。只有把左侧与右侧有机结合,就像金庸小说中的左右互搏术一样,才能让我们更好地把握市场。牛市赚钱,全靠熊市赚股,没有股哪来的钱? 在对个股股性深入理解的前提下,左侧的分批买入是让自己始终处于市场主动状态的最佳选择。"熊市不买股，牛市白辛苦"。

左侧买入要注意控制节奏，不能操之过急，也不能过于追求最低点。"等 2 400点抄底和等 6 000 点减仓的人，是同样危险的"。哪里有那么多的底可以抄，真要是能抄到的底那肯定不是底。底是涨出来的，再高的高手也需要涨势确认后才知道底在哪里，在抄底方面千万别相信那些所谓"股票大师"的话，因为真正的股票大师从来不在意哪里是底，而是更加关注企业的内在价值和未来发展空间。

光有左侧买入还是不够的，这只是个单方面结果。左侧之所以有钱买入，是因为在右侧的牛市中很多股票的估值被炒得太高，超过了基本面的支撑。对于估值过高的股票敢于减仓，才有钱在估值过低的时候买入，这是一个良性循环。

股市千变万化，但从大的角度来看，左右互搏术是出门修行的必备基本功，总想着穿越牛熊真的很危险。

第六节　一切来自相信常识

价值投资的导师巴菲特说过："要想在一生中获得投资成功，并不需要顶级的智商、超凡的商业头脑或内幕消息。""那些天资赶不上聪慧从业者的人，也获得了可靠的回报。"

彼得·林奇也曾经说过："业余投资者只要花少量时间，研究自己比较熟悉行业中的几家上市公司，股票投资业绩就能超过95％的管理基金的专业投资者,而且会从中得到许多乐趣。"

有一次,在雪球嘉年华上,有位"大V"说:"99%的基金都输给了指数。"如果这个数据无误,那我们直接买指数ETF就好了,为什么还要买私募基金呢?这个问题确实需要思考。

不管怎么说,这些大师都清楚明白地告诉我们,一个业余投资者是能够跑赢专业人士的,而且胜机颇大,这是为什么呢?人家寒窗苦读数十载,日日孜孜不倦,还有雄厚的财力、人力、技术实力,一个小散户何德何能去超过他们?

巴菲特在说上面那段话的时候,有一点补充:他们(从业者)因为追求卓越或赶时髦而摔了跟头。乌龟能爬得比兔子快,绝对不是因为乌龟的天赋和能力更好,而是兔子自己在犯错误。乌龟的优势是,非常清楚自己能做什么,并且能心无旁骛、坚定不移地做下去。有时候成功就是这么简单。

很多时候,不做错误的事情,比做正确的事情还要重要。股市是波动的,上涨的机会经常出现,只要你能在下跌的时候少亏,盈利自然就会与你同在。其实大多数人亏损的原因,就像小学生考试的错题一样,回头看时,常常自己都搞不清楚那些简单低级的错误当时是怎么发生的。

"幸福的生活都是相似的,不幸的生活却各有各的不幸。"这话用到股市里,就是:"赚钱的原因都是相似的(赶上了牛市或阶段牛市),不赚钱的原因却各有各的不同。"但这许许多多不同里,又有一个明显的共同点,就是不相信常识。

我们相信火是热的,雪是冷的,相信饿了就要吃饭,渴了就要喝水。但很多时候明知道饭是一口一口吃的,却总想几个交易日就实现财富自由(经常提起这四个字的人,大多数都在亏钱);知道被爆炒的小票早就脱离了实际价值,却总以为自己不会是最后接盘的。

做投资的都是聪明人,自然不会缺乏常识,但往往会因为利令智昏,在关键的时候,忘了自己该去"相信"什么。我所学甚杂,有一阵子也沉浸在一些大部头的经典中,学得痛苦,学完了也不知道有什么用处。我现在经常应用的,竟然大部分都是中学时所学的那些基础的定理和知识,譬如在对行情趋势的分析上,就经常发现牛顿力学的痕迹。

世界原不复杂,带着常识,牢记信念,出发吧。

第七节　一阴一阳的交易之道

一阴一阳谓之道,交易之道便是如此。很多人痛恨阴线,但没有下跌哪有上涨! 所有的上涨都是因为跌得太多了,同样所有的下跌也是因为涨得太猛了。

阳的特性,在于"先与之,后取之"。买入即在上升周期,那只是"先与之",而"后取之"是必然的,所以牛市就是一个卖出的过程,让市场来承担阳的回取,你就是那个受益者。如果是在下跌周期买入,那就得承受阴的"先取之",然后才能得到其"后与之"的馈赠。

有高人能在阴的"先取之"之后再进场,自然收益大增,但对绝大多数投资者来说,多多少少都要承受一些,否则在反复踏空之后,难免会变成高位接盘。

我们所有的交易都是双向的,把交易两个字拆开来看,"交"指的是相互,"易"指的是变换,表明一个交易首先要有自己和对手,而且只有所持标的在自己与对手之间发生了变换,才算是交易完成。我们为阳,对手就为阴;我们为阴,对手即是阳。做交易时,买入为阳,等股价上升再来完成"后取之";卖出为阴,先收现金,等待标的更有价值时再"后与之",完成了一个闭环。

阴阳相交,便会有电闪雷鸣。在纯价值投资者们看起来,毫无道理的 K 线形态和技术指标,实际上体现的就是阴阳互换时的投资者情绪反应。不管承不承认,这都是客观存在的,是一种盘面的通用语言。很多人喜欢评论自己不懂的事情,其"阴阳不调"也就在所难免了。譬如,在2018年损失大的投资者,很多都是2017年全仓白马大赚之人,盈亏同源,难逃此劫。但亏盈也是同源,这一年没亏的,除少数高人外,大概率后面也很难赚到大钱。

赚钱时,不要太过兴奋,这些钱肯定有一部分要被"后取之";亏了钱,也不必太难过,"先取之"之后,便是"后与之"。孤阴不生,独阳不长,交易之道,存乎一心吧。

投资感悟碎片之应用篇

1. 股价下杀,分为杀业绩、杀估值、杀逻辑。杀业绩是短期问题;杀估值是中期问题;而杀逻辑则是长期问题,直接动摇企业经营的立足之本,代表着市场对企业未来发展的核心因素产生了怀疑。

杀业绩不可怕,今年不好明年就有机会赚回来,主动权在企业手上;杀估值多半是因为周期问题,只能以待天时;而杀逻辑,就是怀疑企业在周期好转的时候,也没有发展前景了,这才可怕。逻辑可以分成经营逻辑、产品逻辑和道德逻辑,经营逻辑坏了还有机会翻身;产品逻辑坏了,可能会一蹶不振;如果是道德逻辑出了问题,那就可能是大厦将倾了。

2. 比收益率一直是投资者的一大恶习,也是很多人赔钱的根本。本来赚点钱自己挺开心,看着别人的收益高了,就忘乎所以,去买那些弹性高但自己缺乏研究的股票,被带的追涨杀跌,完全失去了自己的节奏。其实99%的人,把自己的收益目标定在年化10%才是合理的,但大多数人宁愿赔钱,绝不知足。

用自己喜欢的方式赚钱,才能保证长期稳定的收益。我们每天都在错过很多好股,但重点是只要我们自己手里拿的那些也很好,这就可以了。对个人投资者来说,和别人比较是没有意义的。投资是自己和自己比较的事。我们不是投资机构,要考虑排名还要考虑客户感受。对我们来说,绝对收益比相对收益更重要。

投资路上需要时刻保持独立思维,可以不断寻师访友,但绝不要盲目跟随。时刻知道市场在做什么,时刻知道自己在哪里,属于你的钱自然会落袋为安。

3. 投资,最难的是把各种优秀思想变成自己的风格,没必要和任何人去比,找到自己的模式就好。成为1%的人靠的是天赋,还有一点运气;成为前20%的人,不犯错误就有很大机会。

4. 仓和仓不一样,钱和钱也不一样,投资很容易被别人带节奏,其实投资归根结底是自己和自己比,自己满意就好。和别人比得越多,就越容易走出自己的能力圈,亏钱的概率就越大。

每个人的能力圈都不一样,重要的不是什么赛道好,而是自己适合哪条,做自己懂的事,比做好赛道更容易赚钱。各个板块之间没有鸿沟,能做好板块轮动的节奏最好,做不好就各守各的阵地。

5. 所谓持有和买入的差异,实质上是如何看待浮盈的态度,在客观上两者并没有什么区别。买入是一种仓位态度,持有也是一种仓位态度,在不同的环境里,每种态度的意义并不一样,但终归都是仓位。

价值投资就是赚企业成长的钱,跟择不择时是两个概念。很多人买入后一直持有,仅仅是因为被套了,和价值投资一点关系没有。

6. 谁能算清楚格力电器某一款空调的准确生产成本?谁能算清楚招商银行某一笔贷款的实际收益?谁又能算清楚中国平安某一款产品到底能赚多少钱?

投资,真正看清楚企业的每一个细节是很难的,最重要的是选一家没有品行污点的公司。经营上的损失每家都有,但对小股东有恶意伤害,那就要坚决远离。2020年3月,全球股市黑暗的时候,我选择了相信手中的股票。因为这些伟大的公司,比我更知道该如何走出这困境。

7. 买股票,就和我们在现实中投资企业是一样的,与对方沟通的过程中发现人品有问题,或者是双方的理念不合,这个合作就无法成功。但在股市上,很多人都买了不该属于自己的股票,这就是投机。

股权思维是好的,但也要看这家公司是否可以信赖。在A股,能够让人放心的公司,大部分增长率都不是太高;而增长率高的公司,很多都无法让人放心。

选企业最重要的是品行,而不是现在赚多少钱。但绝大多数人都是只要赚钱就行,出了问题后,才悔不当初。总觉得自己不是最后接棒的那个人,这就是90%的人在股市里赚不到钱的原因。

8. 买什么股票,取决于你对企业的理解;买什么基金,除了要了解基金的风格,还要认可基金经理。某些人的收益率会完爆基金,但整体收益率来看,散户是远远低于基金的。

资金越大,对回报率的要求就越低,这主要考虑的是确定性。很多境外资金,长期回报能做到8%就算非常成功了。

9. 我有一部分仓位是持有了很多年的,但这很多年里,我一直都在审视,看看企业内在的买入逻辑有没有发生变化。那些经得起反复检验的股票,才是值得信赖的理想寄托,持有是结果,不是目的。

10. 突发事件永远打不垮股市,全面放水之后一定会遍地狼藉,这是A股的两条铁律,从无例外。每次行情好一点,概念股都会被炒一同,毕竟有些人就是靠这个吃饭的。而这些被爆炒的股票,后面大部分都会用数年的代价来恢复元气,有的甚至自此一蹶不振。

11. 短线,做的是行情;中线,做的是行业;长线,做的是企业。慢慢"吃",才能"吃"得久。做长线,就该持有那些时间的朋友,而不是时间的敌人。

12. 我认识一位投资者,对股票的基础知识都不怎么了解,就知道满仓茅台,重仓拿了十几年。主要是这兄弟就知道茅台。

"南海之帝为儵,北海之帝为忽,中央之帝为浑沌。儵与忽时相与遇于浑沌之地,浑沌待之甚善。儵与忽谋报浑沌之德,曰:'人皆有七窍以视听食息,此独无有,尝试凿之。'日凿一窍,七日而浑沌死。"人都是开了窍的,想回到混沌状态,难度真的很大。

13. 很多时候,我们都看不清眼前的乱局,而哲学就是一座灯塔,让我们在黑暗中不会偏离。雄关漫道,残阳如血,在无明中苦苦探求,这也正是投资的乐趣之一吧。哲学对投资是至关重要的,但一切都离不开常识,大道至简,不在繁复。

14. 所谓的成功都是相对的,就像投资一样,都是自己和自己比较的事。能让自己心安,就是成功者。

15. 有人说了 3 只股票,让我帮着看看选哪只,我的回复是:哪只下跌了20％后,你只想着加仓,就选哪只,如果没有就都不选。

买入是简单的,但必须做好各种应对,想赚快钱,等来的往往都是快刀。

股票市场大部分时间都是"神经病",但时间到了,它还得回到正轨上。有的人就是要赚泡沫的钱,这很正常。很多时候牛市就是制造这种泡沫的,然后泡沫破灭的时候"埋掉"一批人,历来如此。赚价值的钱要习惯寂寞,赚泡沫的钱要习惯暴起暴落。

16. 投资的基本道理,都是我们生活中能经常体会到的。彼得林奇有句名言:"你在股市上需要的全部数学知识,是你上小学 4 年级就会的,"可大部分人最后还是做不到。

17. 买着买着,没东西可买了,市场就要见顶了;买着买着,没钱可用了,市场就要见底了。有的市场快要见顶,有的市场快要见底。那就买能买的东西,这是在积累财富,即便兑现还需要时间。而那些实在下不了手的,错过的只是万一。

18. 牛市隔几年就有一次,但总是少数人在赚钱。成功的人永远都是少数,孤独才是正确的路径。

做长线的人所说的价格,对做短线的人来说,就是一个陷阱。有的钱是贷款,花的时候痛快,但利息很高;有的钱是存款,存的时候辛苦,但属于你的就不会少,还会给你利息。存钱阶段,看谁的信仰更坚定。

19. 房子可以住,汽车可以开,面条可以吃,牙膏可以用,这些都有实用,所以这些东西打折越狠,卖得越快。而对大多数人来说,股票不过是一个工具。上涨的时候是赚钱工具,下跌的时候就是赔钱工具。大家关心的是工具能做到什么,而不是它本身。

在大多数人眼里,股价上涨的时候,工具的价值会变大,涨得越多买的人就越多;而下跌的时候,这个工具的价值就会变小,跌得越多就越无人问津。价值投资不仅仅是要懂估值高低,更要认可股票自身是有价值的,在这一点上,相信的人多,但能做到的并不多,尤其是大跌之后。

20. 做投资比的是专业能力,而不是谁的运气好。集中不是敢不敢的问题,而是自己的持仓节奏要不要调整。改变后需要建立新的节奏,这是技术体系的问题,不是简单地看不看好。

能集中到什么程度,取决于企业的性质,取决于自己的理解,取决于投资者对现金流的要求,也取决于持有人的时间感。

21. 没有仓位策略,没有安全边际,也没有操作纪律的人,有什么理由能长期赚钱呢?对我来说,仓位比成本和股价涨跌更加重要,持仓策略比拿住牛股更是重要得多。合理的仓位策略,是可以在震荡甚至下跌中赚钱的。

对待上涨和对待下跌的不同态度,源自企业家思维和炒股思维的区别。都知道股价上涨赚钱,其实股价不涨也可以赚钱;股价下跌不但赚得更多,风险也更小。实际上,下跌是最安全的赚钱路径,没有之一。我爱熊胜过牛,大牌往往都是在熊市里抓到的,只不过是在牛市自摸了,大部分人却只看到了最后的那张牌。

22. 我非常尊重段永平先生,跟他学习了很多。但在实际操作中,并不会去效仿他,因为资金量差得太多,能力和见识也差得太多,效仿他就可能变成邯郸学步。大部分投资者的时间是以日为单位的,而我的时间是以年为单位的,段永平先生的时间是以10年为单位的。脱离了时间谈持有,就像脱离了土壤去谈种树。我所说的时间,不是持有时间,而是自己的时间感。

我一直都把企业当成非上市公司去研究,专注的是企业的内在价值,而不是报表价值。如果不是企业经营上发生了大的转折,对于短期的股价变化和报表变化,我基本是不在意的。

所以,我的持仓股必须要经过长期研究,考虑的角度都是以年为单位,不会发生看几个月就重仓买入的情况。这种模式从来抓不住热点,但却可以屏蔽市场的杂音。事实上,不能重仓的股票,涨起来也赚不到太多。就如挖掘时靠的是笨重的挖掘机,而不是锋利的电钻。

05

第五章
如何面对市场的诱惑

有人说市场永远是对的,也有人说市场一直都是错的,只会偶尔平衡。不管从哪个角度来理解市场,每个投资者都经常要面对市场的诱惑。我们的体系可以保证长期收益,但某些时候也必然会出现泡沫背后的黯然。在市场狂热的时候甘于寂寞,独自前行,对很多人来说这比熊市还要艰难,但坚持者必得厚报。

第一节　用错误的方法赚到钱，你会做吗

2020 年是个分化严重的年份，银行、保险和地产等行业在大部分时间里都持续低迷，保险股的市盈率还能维持在 10 倍多点，而大部分银行股和地产股的市盈率都是个位数。但有些"赛道股"却大涨特涨，市盈率高达三位数。

和很多次发生过的故事一样，又有一些新人开始鄙视起"银保地"来，"赛道论"此起彼伏。如果单看这些评论，我们会怀疑银行和保险公司都要破产了，地产商们已经还不起债要跑路了。

都在喊价值投资，但这个股票市场上，不管什么时候价值投资者都是少数，大多数人都是价格投资者。2020 年上半年，有一个大行业是比"银保地"还要惨的，那就是汽车。这个行业都已经被遗弃到墙角了。可随着长城汽车和福耀玻璃的强势上涨，现在又出现一群喊"高市盈率打开了天花板"的投资者，而当初喊着"长沉汽车"的也是他们。

2020 年是医药股、科技股和消费股的大年，有些优质企业出现上涨是正常的，但在价格投资者的追捧下，很多已经不是在透支业绩，而是在透支企业的未来了。近一段时间，重要股东甚至大股东减持的公告不断出现，卖点股票就能顶上几十年的辛苦劳作，这个账小学生都会算。

对有些企业来说，股价高到实控人都不敢相信，这是对企业最大的伤害。有

些企业,前几年表现还是不错的,技术和经营上都有亮眼表现,但现在连老板都不知去向了。

利令智昏,高股价害的不仅仅是股民。

这种推波助澜式的上涨中,有很多人是明明知道股价已经严重偏离企业基本面的,但上涨本身就是最好的催化剂。越涨越高,越涨越加,资金不够就用杠杆加,运气好短短十几天可能就会收益翻倍。

有些人赚到钱了,但出局之后,发现股价又涨了一大截,原本的喜悦就变成了懊悔,等他再次杀入的时候,成本已经非常高了。还有些人,即便原来的股票不做了,也会把所谓的"成功经验"应用到其他股票上,想继续重复曾经的故事。

我见过很多疯狂追涨的人,没有几个是赢了钱之后再也不"玩"的,他们只会"玩"得更大,越来越大,直到最后爆仓。2015年上半年,股票市场上几个月赚十几倍的人都有不少,但现在基本都消失匿迹了,只剩下那些老老实实春种秋收的人还在这里。

做股票首先要明白自己是在投资还是在做投机,更要明白自己做的是证券交易还是把这里当成了聚宝盆。每天都有涨停板,每年都有很多翻几倍的大牛股,但真正能在这里长期保持高收益的却凤毛麟角。看看那些公开业绩的基金就知道了,能做到10年收益率年化20%的产品就已经是出类拔萃的了。每年都翻倍的牛人和一买就翻几倍的"股票大师"经常有,但每隔两三年就会换一批。

对坚守价值的投资者来说,时间是自己的朋友,找到好股票重仓买入,即便某些时候的收益会受影响,但长期来看,由于能实现长期的稳定盈利,10年时间翻上几倍的人很多。而对投机者来说,时间永远是最大的敌人,小概率的东西乘数越大,失败的可能性就会越大。

投资中的一大不幸,就是用错误的方法赚到了钱。大家都会把好运气忽略掉,而把收益当成自己能力的一部分。这种模式复制的次数越多,好运气就会越少,投资者的能力所起到的作用就会越大。换句话说,凭运气赚来的钱,经常会凭实力把它输掉。其实能用错误的方法赚到钱的人也不多,大多数人是用错误的方法还没赚到钱。

那些坚持春种秋收的人,往往缺少绚烂时刻。但"结硬寨,打呆仗",做时间的朋友,看惯了潮起潮落,还是那块笨重的大石,始终屹立潮头。

第二节　拥抱泡沫,还是一以贯之

2020 年对很多股票来说,是牛市。经历过 2007 年和 2015 年股市的朋友,应该会有一种很熟悉的感觉。此时所谓的牛市,就像是集体性头脑发热的过程,有所谓的价值兑现,但更让人印象深刻的则是"神股"频现,有时候甚至是"妖股"横行、鸡犬升天。

很一些人都会在牛市鼓吹泡沫,例如,某"公募一哥"在 2015 年大谈"50 倍估值比 5 倍估值更容易赚钱",却在之后的两年业绩惨遭腰斩,被迫改换门庭。还有比他更早的,某"股票大师"鼓吹 2007 年暴赚,但 2008 年狂跌 6 成,差点清仓,10 年之后才恢复元气。

我在 2015 年上半年也买过一些创业板的明星股,单只个股的股价增速确实很高,但买的时候我就明白这是泡沫,早晚会破灭。所以,仓位一直不重。到了当年 5 月份,我就开始减仓,6 月初把所有的创业板股票全都清掉。算了算,收益率挺高,但绝对收益并不多,毕竟仓位小。后来便是"股灾",甚至连银行股都是跌停板。

我在 2015 年 6 月下旬开始加仓,买的都是当时看起来比较便宜的银行股,到了 7 月份救市,银行股大涨,7 月中旬,我仓里的市值反而创了新高,当年的收益超过了 200%。可杠杆破灭的杀伤力大大超出我的想象,8 月份之后遭遇连续杀跌,到年底时收益就只剩下一倍。值得庆幸的是,后面的熔断是 2016 元旦过后的事,不然当年的收益率还要大打折扣。

在高位拥抱泡沫的时候,除了长期持仓的人和某些风险偏好者,大多数人都不敢投入太多资金。而在泡沫不断扩大的过程中,那些赚了点钱的人胆子会大起来,投入随着泡沫的增大而增加,有时候会减些仓位,但泡沫继续增大的时候又会忍不住继续投入。

还有一些人,喜欢在回调的时候买入,但泡沫一旦破灭,会比吹起来的速度还要快。为了摊薄成本,"抄底者"经常一笔又一笔地补仓,不断地将钱扔进无底洞。

做好趋势投资,在泡沫吹起前进入,在泡沫破灭前撤退,这是很多人的想法。也确实有人做到了,其中有能力因素,但很多的时候是运气。但绝大多数人是没有这样能力的,更没有这样的运气,所以每次牛市之后都是一片狼藉,2015 年这一次也不例外。

面对泡沫,不动心的人不多,拒绝拥抱泡沫的投资者,会被越来越多的人当成傻瓜。我当年也动心过,但经过了 2015 年那个难忘的下半年,我对很多东西看得就淡了。与其来来回回,不如一以贯之,走自己认识的路,赚让自己踏实的钱。在股市里,赚钱的次数并不重要,重要的是赚钱的幅度。有些股票虽然涨幅不大,但可以大胆重仓,最后的绝对收益也并不少。

投资,很多时候慢就是快,那些想赚快钱的人,最后迎来的往往都是"快刀"。"七亏二平一赚"是这个股票市场的真实写照,如果这还不够让人警醒,就想想那位"一哥",想想那位"股票大师",这些都是业内高手,他们还有机会东山再起,但大多数人只能退出股票市场了。

第三节　当分化变成习惯,谁会亏在牛市

指数在高歌猛进,但个股却不断下跌,这是 2021 年初牛市的特点。以 2021年 1 月 7 日为例,上证指数上涨了 0.71%,收在 3 576 点,但只有 341 家上涨,下跌的个股却达到了 1 251 只;深证成指上涨了 1.11%,收在 15 356 点,有 435 家上涨,但下跌个股竟然达到了 1 925 只。上证指数的上涨率只有 21.4%,深证成指的上涨率更是低到了 18.4%。

这种局面持续了很长时间,分化已经变成"习惯"。我们在 2007 年和 2015年经常遇到的大小盘轮动,未来还会看到,但频率和规模都将不可同日而语。投资者对此要有一个清醒的认识,千万别亏在牛市。

大家都很羡慕美股 10 年长牛,标准普尔 500 指数从 2011 年的 1 257 点,涨到了 2020 年的 3 756 点,涨幅是 198.66%。而同期的沪深 300 指数,从 2011 年的 3 128 点,涨到了 2020 年的 5 211 点,涨幅只有 66.59%。但实际上,美股这10 年,指数基本上是靠 5% 的头部股票带上去的,大部分股票的收益率远远低于指数增速。这一幕,有可能要在 A 股重现。

过去大小盘轮动频繁,是有经济发展过程中的历史性原因的。2015 年之前,我国 GDP 增速较快,经常保持两位数增长,各行业也基本上都在做增量。这个时候,中小企业的空间相对要比大企业广阔,尤其是在经济景气周期时的增速,很多都会快于大企业;可一旦遇到逆周期,中小企业的困境会更明显,这个业绩起伏过程表现在股市上就是股价的暴起暴落。如果从长期维度来看,行业龙头整体的股价上涨趋势更加稳定,收益也会更大。

最近几年,随着全国经济总体量的日益庞大,GDP 的增速也在日渐趋缓,很多行业都经过了高速发展阶段,由增量共享进入存量博弈。留给中小企业的广阔空间变小了,每一块土地都需要与行业领先企业展开竞争。这个时候中小企业在资金、人才、品牌上的劣势就全方位体现出来了。而 2016 年全面展开的供给侧改革,更加剧了这一行业内竞争的激烈程度。环保要求越来越严格,行业管理越来越细化,野蛮生长的年代结束了,龙头企业的市占率不断提升,地位越来越巩固。

如果说在科技发展和政策引导下,我们还是经常能看到行业逆袭的话,但同一行业内的企业逆袭就太少了。除了互联网等少数新兴行业外,大部分传统行业的龙头企业,都是十几年前就已经奠定了行业内地位,随着时间的推移,强者恒强会是一个难以动摇的长期主题。即便这些龙头企业衰落,也往往是因为被其他龙头打败,甚至是被跨行业降维打击,很少是由行业内竞争了多年的小企业忽然开挂导致的。

上面的分析,是从经济大环境角度来看的。而市场规则的变化,也是导致现在股票市场严重分化的一大因素。过去,A 股有“炒壳”的传统,很多经营较差的企业即便到了退市边缘,被其他企业“买壳”上市后,股价往往会迅速爆发。这就导致有些人专门研究怎样炒重组、炒 ST,小票一样有深厚的群众基础。但近几年,注册制开始推行,退市制度越来越严格,小票失去了回收利用的价值,炒的人也就越来越少了。

不管是从基本面还是从交易规则角度来看,股票市场都在全面进入头部化,可能短期内还不会像美股那么高度集中,但趋势就是向这个方向发展的。投资者看好的行业中,尽量买有业绩保证的头部企业,不要图便宜去买那些业绩增速较慢的低估值公司,尤其是在杠杆率较大的银行、保险和地产行业,质地优良是最基本的选股条件。如果大家在行业选择和个股研究上缺少足够的专业知识,或者没有精力对企业保持长期跟踪,不如直接去选沪深300指数基金,有机会跑赢99%的投资者和绝大多数基金。

第四节　追高多是短命人,谁能幸免

2021年以来,市场上抱团股有松动的迹象,但稍一回调,便有资金在下面接盘。很多人会说,大不了跌20%,后面很快就会回来,真是这样吗?2020年一直都在讲赛道,都在讲永续性。那么,我们就举一个超级大牛股的例子,看看高估值破灭后是什么状况。

可口可乐,可谓超级牛股,1919年上市,真正的百年老字号。巴菲特买可口可乐的故事大家应该都知道,他在1988年买入可口可乐后,一直持有至今,22年的收益是29倍,年收益16.5%。实际上,从1988年到1998年这10年间,巴菲特的收益已经达到了13倍之多,年化收益达到了30%。

巴菲特开始买入的时候,可口可乐的市盈率只有15倍,与当时标准普尔500指数的整体市盈率基本相等。后面10年时间,可口可乐的市值涨幅大大超过业绩增幅,到 1998 年市盈率已经达到了 48 倍,最高时甚至接近 60 倍,而这时标准普尔 500 指数的市盈率只有 28 倍,也就是说,可口可乐 10 年间的估值提升速度,超过了大盘指数接近 3 倍之多,如下图所示。

标普500指数与可口可乐市盈率对比

这一高估值的直接后果,就是从 1998 年开始,可口可乐整整用了 14 年,市值才重新创出新高。如果从 1998 年买入,持有至今的 22 年里,投资者的复合年化收益率只有 3.6%。如下图所示。

可口可乐股价复权股价及未复权股价走势图(1970.2=1)

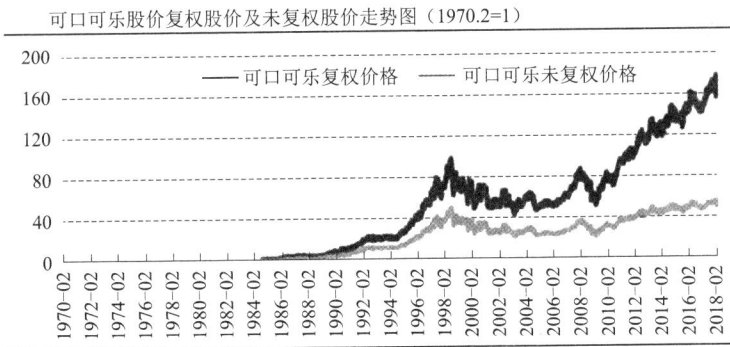

这就是高估值买入的后果!如今的市场上,48 倍市盈率被很多人看作是刚刚起步,100PE 也不足为奇,可有多少企业的品牌比得上可口可乐?又有多少公司的运营超过了 100 年?不管是谈永续性,谈市场空间,谈盈利能力,我们都

很少能找出这样一个品牌来。可即便是巴菲特也经历了失去的 14 年,收益率从年化 30％,退落成了 16.5％,原因就是 1998 年的估值已经透支了后面十几年的业绩。

如今可口可乐一年能赚 89.2 亿美元,约合人民币 577 亿元,市值是 2 082 亿美元,约合人民币 13 461 亿元,ROE 高达 49％,2019 年的净利润增速是 38％,市盈率却只有 25 倍。要知道即便是 25 倍的市盈率,还是建立在美股已经走了 11 年长牛,很多人纷纷议论到底什么时候泡沫会破灭的大背景下的。

即便是我们最熟悉的超级牛股贵州茅台,也有过高估值之后的惨痛经历。历史上,贵州茅台只有两次平均市盈率连续两年超过 40 倍,一次是 2007 年和 2008 年(2007 年的最高市盈率是 101 倍,2008 年大跌后最低市盈率是 18 倍);另一次就是现在。从来没出现过连续 3 年超过 40 倍的情况。

可以参照的是,2007 年贵州茅台 101 倍市盈率的时候,沪深 300 市盈率是 50 倍,相差 100％;2021 年一季度贵州茅台市盈率是 57 倍,而沪深 300 市盈率是 18 倍,相差 216％。而 2007 年贵州茅台的利润增速超过了 80％,2020 年只有 10％。2007 年贵州茅台的股价高点,直到 2014 年才彻底收复,经过了整整 7 年的苦熬。高估值破灭后,只有业绩和时间才能修复,如果业绩撑不住,就只能靠时间了。

贵州茅台后复权走势图

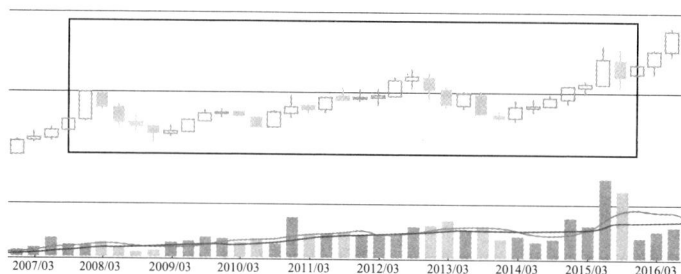

上一轮伤痛刚刚好转了几年,新一批追高者又不顾一切在扮演飞蛾扑火的角色。不要看到别人赚钱就觉得自己也应该可以享受泡沫,那些在底部持有的投资者,有足够的安全垫来承接各种可能的风险,包括腰斩式的下跌,都不会伤及他们的根本,因为他们当初买入的价格足够便宜。

就像巴菲特一样,在 1988 年大跌之后的买入,让他可以承受长达 14 年不赚钱,而那些在 1998 年买入的人呢? 3.6％的回报还赶不上现在的理财产品。追高多是短命人,为什么是多,不是都? 因为总会有几个幸运者,但谁会是那万中挑一的人呢? 很多人往往都觉得是自己,最终落到被套牢的下场。

第五节　春种秋收,与牛熊倒置

股市千变万化,经常会出现一些让人看不懂的事情。某些流动性泛滥的时候,出现高市盈率也就算了,但有些个股的市值,已经达到了全行业年总销售额的 4 倍,相当于全行业总利润的 14 倍,以该企业近期的增速,需要 25 年才能赚到相当于这个市值的利润。

也许它的股价后面还会再高,但如果这是一家没有上市的企业,你会买入吗?

人们总喜欢用短期价格,作为投资是否成功的评判标准,所以很多以为自己在做价值投资的人,其实一直都在做投机。投机也没什么不好,但把投机做成投资就很危险了。因为股价上涨而买入,因为股价上涨而持有,因为股价上涨而把自己当成了一个长期持有的价值投资者,这真的是一件很危险的事。

2020 年运行的是双轨牛市,科技、医药为主的创业板,加上主板的大消费板块如日中天,而地产、保险和银行自成一体,稳定地活在鄙视链的底端。如果参照过去几年的走势,尤其是相类似的 2018 年行情(2017 年大涨后的回调年),"银保地"的表现其实很正常。

所谓的"牛市",就像是一个全市场集体性头脑发热的过程,既然是头脑发热,那用正常思维是不可能真正理解的。

这种极端的分化,跟 2020 年初的疫情直接相关,本来在那个大起大落的行情中,各路投资者都想选择一些确定性相对较高的行业。但资金越抱团股价涨得就越高,股价涨得越高,就会有更多资金往里"挤",现在已经到了轻易不敢松手的顶部。

很多股票就像一个只能上升的热气球,不爆一次就永远不能着陆。它们还没到引爆的时候,但先知先觉者是不会去赚最后一个铜板的。

牛市都想着买什么,其实牛市的主要任务是卖出;熊市很多人都会逃离,但熊市不买股,牛市拿什么卖出?

一半是火焰,一半是海水的时候,最考验人的定力。

股票市场总是会给投资者调仓的机会,但不会有多少人懂得珍惜这个机会,每次都是这样。大家看看历史成交量,不管是大盘还是个股,越是顶部成交量越大,越是底部成交量越小,从无例外。这就是绝大部分人在股市里赚不到钱的根源。

牛熊颠倒的人,总是在该买入的时候卖出,在该卖出的时候买入。这就像在秋天播种,然后想象着能在春天收获。白发渔樵江渚上,惯看秋月春风,水中月,指间风!

但我只会春种秋收。播种的季节我不关心收获,只在意地有没有种满。

第六节　不看别人的鱼，只结自己的网

很多高估值的股票在高位会继续上涨，把抱团进一步推向更高点，这就是牛市的特点，很多的时候是，不买就涨到你买，不亏就涨到你亏！这个时候追高的人，并不是对企业更有信心，而是看到价格的持续上涨，总觉得自己不会是最倒霉的那个接棒者。但有些信心是信仰，有些信心却是迷信。

高处不胜寒，稍有波折，买入成本较高的投资者就会饱受心理煎熬。经常会是一个大回撤就赶快下车，后面涨回去又怕被落下，咬牙再上。几个来回，成本越来越高，等真正开始坍塌的时候，这些人反而会坚定起来，总觉得前面能回来这次也没问题，最后直至被套牢。

这不是什么新鲜事，每次都是这种套路，没什么新意。要说 2020 年这一轮行情的变化，是很多"白马蓝筹"取代了当年的"妖股小票"，这种杀伤力就更强了。但不管是什么样的股票，被严重炒高后的结果都只有一个，那就是价值回归。

估值被资金炒得再高，也终将回到业绩身边。事实上，那些公募资金远比很多人想象的聪明，一路打一路撤，不知不觉中，很多 2020 年上半年的明星股都出现了严重回撤，一些高位买入的投资者都损失惨重。

2020 年第四季度，牧原股份是被大多数投资者不看好的，各路基金纷纷出逃，股价两个月就下滑了近 3 成。而那段时间，正是抱团股如日中天之际，但如果在 2020 年 12 月份买入了牧原股份，到 2021 年一季度，所得到的收益会比很多 2020 年的大牛股还要高，而且远没有那么大的回撤风险。

可是，我们看看 2020 年第四季度牧原股份的成交额，只有 871 亿元，是全年最低，比次低点的二季度少了 1/4 还要多。当时股票市场给了最好的机会，牧原

股份的数据又都是明牌,有着非常确定的成长性,但当时看好的人实在是太少了。而到了 2021 年初,股票市场又出现了翻天覆地的变化,随着牧原股价的大涨,短短 5 周时间,牧原股份的成交额就超过了 1 000 亿元,比前面一个季度还要高。

在股市里跟风是一种劣根性,是大多数人赚不到钱的根本原因。哪有那么多的好赛道,哪有那么多的业绩爆发!企业一直都是那个企业,只是被有些人当成了工具。一个月时间,企业发生了什么根本性变化了吗?没有,但股价变了它就有了!

与其羡慕大涨后的牧原股份,不如好好寻找下一个牧原股份(牧原股份的周期性较强,股价波动也较大,本文只做例证,读者要根据具体时点做好辨别);与其去仰望高高在上的明星股,不如老老实实去研究那些基本面优异的企业。牛市里,只要基本面被证明,总会有一个爆发的机会。临渊羡鱼不如退而结网,你布局了吗?

投资感悟碎片之估值篇

1. A 股历史上的抱团,每一次都是坍塌式暴跌。有些人觉得自己跑得快就在里面"玩",不喜欢凑热闹的人就守着自己的一亩三分地。每隔几年这种情况就会出现一次,都是"老套数",新鲜的只有被套的人。

在空中抱团,如果谁先撒手,就可能导致崩溃式下跌。但谁都不撒手,后面也会因为重力集体坠落。这是公募基金的死结,他们自己是解不开的。基金经理们也都清楚,所以很多时候尽可能在行情好的时候加大疯狂,以便为后面挨打的时候存好余粮。

2. 高估值需要更高的条件来配合,而低估值也不意味着高枕无忧。PE 的上涨,可能是股价上升带动的,也可能是 P 没涨甚至下跌,但 E 跌得更多所导致的。股价回调的时候,PE 也许会更高,这在过往屡见不鲜。对很多投资者来说,这经常是一个盲点,而且会让人损失惨重。

过于看重报表,过于看重估值,都是一件很危险的事情。股票不是一张票,而是一个活生生的企业,如果仅凭几份报表和几个简单的公式就能看清楚企业,那活人都能被看成照片。

3. "好赛道"就是,给出 50PE 大家都觉得刚起步,80PE 觉得是八九点钟的太阳,100PE 觉得还能翻倍的那些行业。由于它们净利润的年增速一般都不会超过 30%,所以这个高估值可以长期延续,直到下一个大熊市。

很多股票,如果在现实中让人去投资,根本就无人问津;而在击鼓传花的游戏中,却成了众望所归。故事每年都不同,"套路"却一直都没变。每轮牛市到最后都是一片狼藉,有些股票还会浴火重生,有些股票则就此沉沦,不变的是绝大多数人都在亏钱。

4. 没有哪个企业,可以一直保持净利润的高增长速度,贵州茅台没做到,苹果公司也没做到,历史都已经证明了的。当业绩增速下降的时候,估值低的股票杀伤力也会低,这是常识。

我们无法预测估值,只知道从长期来看,它一定会与业绩相伴。当然可以等估值回归,但要看怎么等,没有业绩的等就是守株待兔。业绩为王,但有些公司的业绩比估值还泡沫,这就是股市最难的地方之一了。

5. 估值是与 GDP 增速成正比的,随着经济体量日趋庞大,经济体系会越来越稳定。这种靠业绩推动的市场才会出现慢牛,以前靠估值推动的所谓牛市都只能昙花一现。

暴起暴落的股票很难赚大钱,赚得多的反而是那些涨得慢的,因为它们的估值一直都没跑赢业绩。

6. 低估是企业利润增速与 PE 之间的关系,而不是 PE 本身,相对而言,PEG 的代表性更强一些。但每个行业或企业的发展阶段并不一样,单纯的量化容易掉进估值陷阱。贵州茅台、恒瑞、片仔癀大部分时间里都保持着高 PE,格力、美的和万华化学的 PE 则一直相对较低,但长期持有这些股票的人都是赢家。

7. 复利的价值在于,上涨时越涨越多,下跌时越跌越少。从长线的角度,买比买到最低点更重要。我是从来不怕高价买回的,最重要的不是便宜,而是确定性。对股票来说,问题解决了,买点自然就出来了。或者基本面转好,或者便宜到可以忽略问题。好公司业绩不好的时候,就是投资者的机会。

8. 我现在还能记得自己在 2008 年的时候,看着价格一路狂跌,完全不知所措的感觉。那种感觉不是绝望,而是麻木,都跌出了快感的麻木!

现在是牛市,动辄数千亿元的资金在入市,很多都是对资本市场的残酷知之甚少的新人。

9. 作为一个长期投资者,我关心的是 3 年之后的企业会是什么样子,而短期涨跌没有什么意义。股票的交易周期还是短暂的,对创业来说,很多时候都要几年后才能看到眉目,有些甚至要更久才知道自己是否成功。重要的在于投资者是否真正理解市场,是否知道自己的定位和能力,知道自己所选择企业的发展趋势和掌舵人的品性和能力。

在估值到了绝对低位的时候,我是不在意股价涨跌的,或者说只要企业发展趋向很好,对我来说股价跌得越多,利好就越大。譬如,有些地产股下跌了30%,心里发慌的就是不懂;有些股票,已经到了历史估值的最高位,而年利润增速只有百分之十几,以后也看不到业绩大幅提升的可能,心里不慌的也是不懂。

10. 大部分人对企业的判断,都是跟着股价走的,涨了什么都好,跌了就到处抱怨,这就是追涨杀跌的思想根源,也是不断被套牢的根本原因。买股票就是买公司这句话,其实没有多少人能做到。

很多人总想着不劳而获,总想着一夜暴富,但真正自己创业做公司的人,是没有这么多幻想的。如果你想在这个股票市场里生存10年以上,百分之几十的涨跌幅都是过眼云烟,企业的持续发展才是真金白银。多想想企业怎么赚钱,少关心股价涨跌了多少。

11. 买科技、医药、白酒和新能源都很好,2020年3月份我也买了五粮液,关键在于投资者是在"山脚"买的,还是在"山顶"买的。追高多是短命人,从来都是如此,在高位买医药、科技和买银行、保险都是一样,高处不胜寒。只要坚持常识,不盲目追高,在A股赚钱并不难。

12. 股市里不是只有多空,多可能会赔钱,空可能赚得更多,但这都不重要。知道企业的长期价值在哪里,知道市场的发展逻辑是什么,知道交易的正确心态该如何,这比告诉你明天股价涨跌更加可贵。

低估是最好的安全垫,高估即便业绩好,如果撑不起估值一样要暴雷。

13. 在市场信息高度透明化的现在,被市场低估的标的越来越少,尤其是在传统行业中,"大而美"从业绩到估值都会越来越高。贵的还能更贵,便宜的却可能会一直便宜下去,甚至会更便宜。

决定全市场估值的主要因素有两个,一个是权重股的业绩增速,另一个是资金的充裕程度。个股提升估值的原因也有两种,一是比预期更好,二是没那么差。

好企业能改变行业,数据的天花板并不一定就是企业的天花板,未来仍可期待。2020年底,大多数优秀的企业都没有太大的估值提升空间,因为早就被市场充分信任了,以后股价只能靠业绩推动。如果企业因为某些问题拉低了估值,那这就是未来估值还能提升的动力所在。

14. 股价一直在围绕价值上下波动,如果价值是唯一的,那就只有一个价格是正确的,其他时候都是偏离。所谓的股票市场,就是全体投资者形成的合力,但其中大部分人都是亏钱的,所以,要多研究企业,少研究市场。

业绩是企业的,估值是市场的,我们可以看清楚企业,但永远预测不了估值。所以,应多关注业绩,少关注股价。而且只用估值来计算投资价值,有些事就很难理解。价值回归不可阻挡,可能是向上的,也可能是向下的,变数在于时间,但不以人的意志为转移。老老实实拿着低估绩优股,不赚钱是很难的。

15. 低估和高估本身没有意义,好业绩才是关键。低估值有好业绩就可以,高估值就必须要有长期高增长的业绩做支撑,哪个更难,可想而知。估值高也不是问题,但高出天花板了就是问题,毕竟上市公司的体量相对都比较大,像初创企业那样连续翻倍增长的情况,实在凤毛麟角。

选企业最重要的是品行,而不是现在赚多少钱。但绝大多数人都是只要赚钱就行,出了问题后才悔不当初。赚企业成长的钱,而不是赚企业梦想的钱,至少踩雷的机会能少很多。靠业绩赚的钱,是可以提前算在口袋里的;靠估值赚的钱,则经常会被人从口袋里拿走。

16. 业绩好是看得见的,低估值有时候会是种错觉。只要业绩在,估值早晚来,是涨是跌就是另外一回事了。高估值的股票很多,但大部分"护城河"都不深。业绩普通,靠估值去不断提升股价,这是最大的危险。而很多人心目中的"护城河",就是股价涨得比较多。

17. 估值从来就没有一个固定的标准,每个人根据自己的风险承受能力来确定安全边际,根据时间感来确定持股风格,即便是最精确的量化分析,也是在做定性操作。

两年前,有人预测贵州茅台的市值会上 20 000 亿元,如果是靠业绩测算的,现在业绩明显低于预期,股价对了但预测是错的;如果是靠估值测算的,估值变动原本就是一个缺少规律的事情,尤其是业绩增速大幅下降而估值大幅提升的情况,那么现在股价对了,就能说他的预测是正确的吗?

我也喜欢那些快速成长的企业,好企业估值高些很正常,但问题是它首先得是一家好企业。大多数人对股票好坏的判断依据,就是股价涨了多少。靠业绩提升的股价是真金白银,靠估值提升的股价,对我来说只会敬而远之。

估值有天花板,但业绩没有。不管什么板块,只靠估值提升的股价都是空中楼阁,不能尽快把业绩补齐,等来的只有坍塌。从买入原则上来说,我只赚业绩的钱,从不把希望寄托在估值的爆发上。这个原则让我少赚了很多,但让我一直在赚。

18. 投资不是算账,而所谓的估值都是在计算过往,所以最重要的是企业将往何处去,将会给投资者带来多少现金流。业绩好是看得见的,低估值有时候则是种错觉。

估值高也不是问题,重要的是有没有相应的业绩增速来匹配,例如贵州茅台当前的问题并不是50PE,而是不到20%的增速。如果未来5年,贵州茅台能保持25%的净利润增速,那50PE肯定不高。

19. 如果是2007年高点买入贵州茅台,就要到2014年之后才有较好的收益,其间贵州茅台的业绩还一直都是正增长的。而现在很多人都在喊"就买高估值的",但谁比茅台确定性更好?

要记住,怕高是苦命人,追高是短命人!

当初的贵州茅台和万科都是高估值,后面即便业绩没有下滑,杀估值也用了好几年。现在的地产股,就算以后的估值一直都这样低迷,仅靠业绩增长,也可以保证两位数的收益。做地产开发,重要的是要看地买得贵不贵;做投资也是这样,买得便宜什么都好办,买得贵什么都麻烦。

20. 每个行业都有自己的特性,用一个公式去做所有股票的估值,就像用一把尺子量完大象量蚂蚁,怎么都不合适。投资是一个体系空间,不是一条线,更不是什么都能量得出。股价是由业绩和估值共同作用来确定的,如果把研究估值的精力放在研究业绩上会更靠谱,当然这个业绩不是财报上的数据指标,而是企业自身的经营。在估值上下太多气力,有时候一个前提变了,后面的推论就会崩溃，而这个前提经常是个人根本无法控制的。

弱水三千，不止一瓢。长期持有很好，如果能找到可以替代的标的，我也不会去冒高估值风险。我会根据对行业和企业的理解，做一个估值的高限，这和很多人的"合理估值"没有关系，只是一个安全边际。超过这个安全边际，时间成本会放大到我所不愿承受的程度，那么就需要卖出或者不买入。至于后面股价会不会翻倍，对我来说并不重要。

06

第六章
交 易 不 等 于 博 弈

　　价值投资的核心是赚企业成长的钱,而不是去研究怎么赚交易的钱。但再长期的投资,最终也是要交易的,事实上当初买入的时候就是一笔交易。交易在理论上是一种零和游戏,有人赚就会有人亏,但这是交易的结果,不是交易的动机。好的交易是价值变现的过程,如果交易是为了博弈而存在,就把投资做得太小了。

第一节 钱从哪里来:我的仓位管理策略

投资除了选股,最重要的就是仓位管理了。很多人喜欢举某某大师长期持仓最终取得了高收益的例子,从而得出了投资应该买入不动、长期持有的结论。其实,长期持有只是盈利的结果,并不是盈利的原因。巴菲特持有可口可乐 33 年,持有华盛顿邮报更是高达 48 年,但也买过仅持有了一年的底特律全国银行、时代镜报和西北工业等股票。我们都在传颂他长期持有的经典案例,实际上这都是结果,是在很多中止的交易里脱颖而出的成功,我们千万不能邯郸学步。

股票市场是时刻发生变化的,我们的选股逻辑没有发生变化的时候,当然可以一直持有,但如果股票的基本面出现了问题,最好的选择就是立刻卖出。作为个人投资者,有一点是与投资机构,尤其是大型投资机构完全不同的:它们有源源不断的资金,譬如当下某些基金发新产品的时候,认购额竟然高达上千亿元。

这些机构可以用新进资金来购买新的目标,而资金有限的个人投资者,要想买入新股票或者加仓一只老股票,就需要卖出自己一部分持仓股。很多时候,我们的卖出并不是因为不再看好原有持仓,只是有了自己认为更好的股票要买,这是投资中经常会遇到的时刻。伯克希尔·哈撒韦首先是一家保险公司,巴菲特看中的就是源源不断的浮存金,这是他总能在市场最差的时候,有钱买到最便宜股票的重要原因。浮存金的成本是非常低的，这也是伯克希尔相比一般机构的巨大优势。

个人投资者，即便知道大师或者明星机构的持仓股票，也很难取得和他们一样的成绩。这不仅仅是专业能力上有差距，更重要的是资金压力和新资金来源都大不一样，基本没有可比性。经常有人问我："你怎么总有钱买买买？"实际上2019年之后，我是常年满仓的，手上基本不留现金。之所以总能买买买的原因，是因为我的仓位管理策略就是这样设计的。有些投资者喜欢单持一只股票，而且常年满仓，这需要对该股票有非常透彻的理解，而且由于股价涨跌幅度就是自己的持仓市值变化幅度，遇到大起大落的行情，譬如2020年3月中下旬，就必须要有一颗超级"大心脏"了。

我更偏向于稳步前进的风格，也经历过几次大的波动，尤其是2015年6、7月份的"千股跌停"，2016年开年的熔断和2020年3月的大震荡，都令人记忆深刻，所以对个股的持仓限制也是越来越严格。我的单只个股持仓比例一般情况下不超过20％，非常确定的条件下可以放宽到25％，极端确定性的情况下也不能超过30％。每个人的资金压力不一样，所能承受的回撤幅度也不一样，这个比例是根据我的自身条件设计的，有人可能觉得保守，也有人觉得激进，都是正常的，大家都只能做好自己认可的模式。

在上面的限定条件下，我就至少要持有4只股票才行。我尝试过在持仓中买入不同风格的股票，但在实际操作时经常会发生一些思想上的碰撞，有时候甚至会变成一种尖锐的矛盾。近些年，我以地产股为核心的同心圆能力圈基本建立后，持仓股逻辑上的矛盾小了，但有时候也会因为风格太相似而面临同进共退的情况，这就与单持一只股票有相似的问题了。后来我又加大了ETF的持有比例，主要是沪深300和一些行业类ETF，来适度避免持仓的过于集中。

现在我的持仓体系中,我按照持股弹性将其分成了高、中、低三个模式,当然这种划分只是针对某一特殊时期的,时过境迁之后,有些高弹性股票也许会越来越稳定,中弹性的股票也许会变成高弹性,低弹性的也有可能变成中弹性,这就需要不断修正了。

高弹性模式,主要是地产股。由于受行业规则的影响较大,地产股的波动要比一般股票都要大一些,涨跌 30% 都是正常现象。低弹性模式,主要是银行和保险,这是与国运紧密相连的品种。在市场最危急的时候,持有质地较好的银行和保险股票,安全性会更好一些,几轮大小熊市临近尾声之际,都是市场环境最为恶劣的时刻,那个时候我基本上都会有银行股和保险股。

中弹性模式,顾名思义,就是波动率在高弹性与低弹性之间的标的。2020年,我选择的主要是券商、互联网,沪深 300ETF 也列入了这个模式。如果说,对于低弹性股票我更多是在左侧买入,高弹性股票主要是在右侧买入,那么,我对中弹性股票的买入就会更加平衡一些。三种模式都是某一特殊时期的评定,评定的因素一方面是大盘的整体环境,另一方面也要看股票估值情况的变化。所谓高处不胜寒,再稳定的股票到了估值过高的时候,向下弹性都会变大;而弹性再大的股票,到了估值较低的时候,向下弹性也都会变小。

随着各个板块估值的变化,我会有一个动态调仓的过程,也就是会卖出一部分估值较高的股票,去买入估值相对较低的标的,这也是看起来总有资金买入的原因所在。但不管股票本身有多低估,一定要服从个股和行业的最高持仓比例要求。所以,2020 年地产股大跌之后,我仍然会严守最高不超过 50% 的规则,要买入就只能等着下跌,跌多少才能补多少。我经常说的"我爱熊胜过牛""下跌是价值投资最幸福的时刻"原因就在此,如果那些看好的股票不下跌,真是没有空间买啊。

到了市场全面进入谷底的时候,我也会用杠杆,这就像是撒手锏,普通的行情是不用的，只在市场最冷，即可以用最便宜的价格买入股票的时候才会用。我用的杠杆，都是没有平仓压力的，基本上是没有固定归还时间，只要把利息付清就可以的，有些类似永续债。2020 年三四月份，我就是用这些资金和一套房款买到了 30 元以下的招商银行、70 元以下的中国平安、22 元的中信证券以及 100元的五粮液，填上了后面地产股下跌留下的窟窿。

杠杆资金我从来不会在估值偏高的时候用，事实上大部分时候，我都是在估值基本恢复正常时就平掉仓位。这会导致很多钱赚不到，但也让我避过了很多次过山车，譬如 2020 年 7 月，如果没有平掉杠杆仓位的话，后面半年就会比较困难，而且再没有调整空间了。"君子引而不发跃如也"，很多时候不用的资金也是至关重要的，"狡兔尚且三窟"，投资者最好不要把自己绷得太满，总想一次就把钱赚了，这种时候很容易操作变形，给后面留下难以调整的难题。

归根结底，投资是个人的事情，仓位控制更是这样。即便两位投资者都持有同样一组股票，在不同的仓位管理策略下，也会出现不同的结果。量产的衣服始终不如量身定制的合身。我把自己的体系呈现出来，希望对大家打造自己的仓位策略有所帮助。

第二节　怎样看待港股市场

2020 年，恒生指数下跌 3.42％，大幅跑输了 A 股的几个主要指数。如果说这一年的行情受疫情影响较大，港股市场又受外资直接影响的话，在 A 股高歌猛进的 2019 年,恒生指数也只涨了 8.98％。港股连续低迷,并非偶然。

2020 年港股的下跌,受几大银行的影响比较大,虽然有腾讯控股一枝独秀,但"好虎架不住群熊",还是把大盘给砸成了负增长。在主要的几大板块中,内房股的整体低迷是格外引人瞩目的。很多年销数千亿元的大房企,全年跌幅接近 4 成,这与全年超过 17 万亿元的商品房销售额新高,形成了鲜明对比。

港股的资金主要是由外资、港资和南下资金组成的,2020 年外资大幅流出,香港本地的资金也是净流出,这对港股的流动性造成严重打击。2020 年前 11 个月,港股市场主要靠南下资金在支撑,净买入达到了 6 000 亿港币,而外资却流出了 4 200 亿港币。

随着香港大环境恢复秩序,港股市场的流动性还是有增加趋势的。2020 年 11 月份之后,外资的流出速度已经明显下降。在美元泛滥的大形势下,买入人民币资产会是全球化趋势,A 股受限,进入港股是必然的选择。2020 年的外资净流出,很大程度上是恐慌性的,带有明显的防御性质,如果 2021 年疫苗的效果体现出来,全面回流是必然的,人民币资产的价值在非常环境下,更显可贵。

港股市场面临的最大机遇是,大量在美上市的中概股到港上市。阿里巴巴、京东都开了好头,后面面对美股市场的不友好,会有更多好企业进入港股市场。同时部分内地优秀企业,如农夫山泉等先后在港股登陆,也加大了港股流动性。有好企业,就不必担心没有资金来买,这是增大流动性的根本。

至于 A 股地产和内房股之间的分化,这是 2020 年表现比较明显的情况,其价差已经体现了资金面和市场情绪的影响。从企业的基本面来看,内房股中的好标的还是要超过 A 房股的,随着未来南下资金越来越多,对市场的影响力度越来越大,AH 差价进一步缩小会是趋势,A 房股和内房股的节奏会恢复一致的。

上面说的都是外因,港股市场要想真正坚挺起来,很多内在问题也是要好好调整一下的。港股比 A 股历史长得多,经验积累更丰富,但由于各种原因,对于使用港股通的交易者来说却有很多不便。譬如说,在 A 股,我们已经习惯了资金 T＋1 可取,而实行 T＋0 交易的港股却偏偏要 T＋2 才能把钱取出;港股通高达 20％ 的红利税,一直让人心疼不已;到港交所网站上下载一份文件,时间长得让人以为又回到了 2G 时代……

据说导致这些问题的出现,有市场切换的因素。但不管是出于什么原因,港股市场的发展是符合各方面利益的,解决好这些痛点对管理者和投资者都有好处。过去 6 年,南下资金流入港股的金额高达 1.7 万亿元,而 AH 股的溢价率却从 90％ 涨到了 140％,远高于溢价率中枢值 115％。相信港股一定会好起来。

第三节　因何买,因何卖

世界上没有完全相同的两个人,每个人的性格、喜好、价值观、资金性质、压力承受等方面都是不一样的,可以说有多少个投资者,就有多少种投资风格。不同的投资者,即便是用同样的价位,买入了同样数量的同样一只股票,各自的购买动机却可能会相差巨大。

我们无法用一位投资者的持仓股票,来判断他是做价值投资的,还是喜欢做短线投机的。也不能用一个人持仓时间的长短,来判断他是不是一名价值投资者。有人持有一只股票,是因为看中了企业的长期内生成长潜力,另一个人同样持有则是因为得到了某个"内幕消息"在提前布局,同样长期持有这只股票的投资者,则可能仅仅是因为在高位买入后一直在被套牢而已。

之所以反复强调这些,是因为太多投资者会由于市场的波动,而忘记自己的初心。投资的路有千万条,怎么走都是路,但最怕的就是首鼠两端,走了一半却想改弦易辙。这就是"走别人的路,让自己无路可走了"!股市里大部分人都在赔钱,非常重要的一个因素,就是不能从一而终。从成交量就能看出,一只股票受到市场追捧最热烈的时候,就是其股价上涨速度最快的时候。在股价被炒高之后,大多数人仅仅是觉得这个上涨趋势还会延续,抱着坐享其成的心理进行买入,这是投资中最常见到的情景。

很多人在开始买入的时候,心里还是清楚的,往往会给自己制定一些规定。譬如上涨 20% 就清仓走人,或者下跌超过 5% 就割肉止损。但真涨了 20%,他又会觉得涨势还能继续,不断推高自己的上线;而跌破自己止损价位的时候,由于舍不得亏钱出局,他又会不断压低自己的下线。一而再再而三地更改买入原则,结果就是,把原有的获利盘变成了亏损盘,然后再安慰自己要做长期价值投资,最后把小幅亏损变成了长期套牢。这是很多投资者经常会出现的赔钱模式,并且在股市中一直都在不断地重复。

也有一些人,在开始买入的时候,把自己当成是一名坚定的价值投资者,不断用巴菲特或者其他大师的经典案例来鼓舞自己,试图穿越牛熊,充分赚取到股票长期成长的红利。但投资中,我们经常看到有些人做长线投资却有一颗短线的心。他们买入的时候想的是天长地久,但股价稍有回调便开始忐忑不安,下跌超过 10% 便怀疑自己是不是选错了股票,下跌超过 20% 就会对管理层大放厥词,下跌超过 30% 则会"见人喷人、见神喷神",似乎天底下都是骗子。

我们看一下,那些著名的大牛股,其成长过程中哪个没经过风风雨雨?! 贵州茅台曾经 7 年没涨,腾讯控股也曾经 4 天下跌超过 30%! 股市里的波动一直都存在,这是股市的基本特征之一。我们买入任何一只股票,都有可能会遇到大幅回撤的情况,不管是改变自己的原则,还是过高估计自己的承受能力,对投资来说,都是非常危险的事情。

所有的投资,都是从买入开始的,也都是到卖出结束。市场千变万化,我们不可能保证自己的每一次选股都是正确的,有时候即便你的选择是对的,但市场错了,后果一样要由你来承担。因何买,因何卖,这是投资最基本的原则,背离初心,就算赚到钱也会给自己带来更大的隐患。而始终坚持原则,即便有短期的损失,也一样能在长期的市场上重新赚回来。

当然,以上所说都是对具备了一定投资经验的人而言,那些连自己为什么要买入一只股票的理由都不甚清楚的人,并不包括在内。不懂不做,无因不买,这是更基本的原则。

第四节　左侧交易,取之有道

"别人贪婪我恐惧,别人恐惧我贪婪"。面对股价的变化,尤其是面对短期迅速下跌的股价,有些投资者会惊慌失措,而对有些投资者来说这则是一个难得的买入机会。很多人因为逢低买入赚到了大钱,但也有很多人因此损失惨重,因为他们的"底"实际上是"半山腰"。

"在别人恐惧时候贪婪",关键之处在于"恐惧"的根源是什么,而不是"恐惧"

本身。大跌之下,恐惧是人的正常反应,有没有恐惧并不意味着投资能力的高下。恐惧的程度,是与资金性质和仓位程度直接相关的,轻仓的人会比重仓的压力小,没有杠杆的会比高杠杆的压力小,这是自然而然的事。

但资金和仓位,都只是"恐惧"的直接原因,而不是根源所在。一个人对所持有股票的认知程度,才是他在股价大幅下跌的时候,会有怎样心理变化的决定性因素。不过,这里也要一分为二,有些人无动于衷,是因为他真正理解了企业的价值所在;而有些人的乐观,却仅仅是因为他对真正的危险一无所知。

股价的波动,是因为估值和业绩出现变化而引起的,这两种不同原因导致的市值回撤,带来的市场机会明显是不一样的。

估值的回撤,往往是因为前期股价涨得太高,后期业绩兑现的时候,跟不上估值的上涨速度。这里所说的估值,不是简单的市盈率或者市净率的变化,那只是个指标,而是需要把市盈率或者市净率与主营业务的业绩增速结合在一起,才能看清楚这只股票到底贵不贵。有的股票 20PE 可能要比另一只的 10PE 更便宜,而有的股票 1.2PB 也许会比另一只的 2PB 更贵,这是经常能够看到的。

"别人恐惧我贪婪",可真正值得"贪婪"的股票,不是简单的 PE 或者 PB 在下跌,而是业绩仍然能够保持合理增速的条件下,其 PE 或者 PB 的下跌。这种下跌,往往不是因为基本面的变化,而是出现了一些不利消息,或者是大盘整体环境不佳,所导致的市场情绪过于负面所致,这是左侧买入的重要前提。

而因为业绩表现不佳所导致的下跌,投资者就要多一些谨慎了。单纯的"杀估值",如果企业经营的基本面没有发生很大变化,持续增长的业绩会让股价越来越合理,只要原来估值的泡沫不是太大,下跌周期持续的时间就不会太长。尤其是有些因为特定消息所导致的大跌,后面很快反转是经常能够看到的市场现象。

"杀业绩"所导致的股价回撤,杀伤力就要大很多,持续的时间也经常是旷日持久的。估值的下降空间相对有限,但业绩的跌幅有时候会大大出乎投资者的意料。我们经常说的"暴雷",就是业绩严重下滑,超出了市场的预期,这个时候股价的下跌也常常容易失控。

面对业绩的不佳表现,我们需要分清楚是偶然现象还是必然结果。譬如2020年的疫情,在当时影响很严重,但大部分行业目前已经恢复,这种下跌就是市场给机会。但有些企业的主营业务由于技术被取代,而出现了永久性损失的情况,就不要轻易判断其经营拐点,多一点耐心等到明显反转之后,再考虑买入才是稳妥举措。

左侧交易,取之有道,绝不能只看到表面的便宜,因小失大是投资者很容易犯的错误。价值投资,归根结底还是以企业的内生能力为关注要点,在没有彻底搞清楚下跌原因的时候,不要轻率抄底。"别人恐惧我贪婪"之前,一定要搞清楚别人为什么恐惧。

第五节　走自己的路,莫与人争

2021年春节后,贵州茅台出现了大回调,5月份的最低价到了1 866元,收盘价位1 879元,按2021年的最高点算,下跌了28.5%,按2021年的开盘价算,也下跌了5.95%。过去两年,贵州茅台都是大涨,如果是对一直持有的投资者来说,这样的回撤算不了什么,但从成交分布上可以看出,2 000元以上是贵州茅台成交额最大时候,日成交往往都在100亿元以上,有一批投资者确确实实被晾在了"山顶"。

即便以当天收盘价 1 879 元来算,贵州茅台的市盈率还是接近 50 倍,在之前 10 年,贵州茅台在各年度最高市盈率中排行第二,仅次于 2020 年的 56.3 倍,比其跌幅较大的 2018 年 40 倍的最高市盈率,还高出了 20% 多。不知道在 70PE 买入茅台的人,是如何考虑其每年百分之十几的业绩增速的,恐怕买入者当时也清楚 2 600 元的茅台有多贵,只不过看到有人在贵州茅台上赚了不少,就忘乎所以了。

比收益率一直是投资者的一大恶习,也是很多人赔钱的根本。这两年,股票市场整体表现不错,赚钱的人为数不少。有些人本来赚点钱自己挺开心,但看着别人的收益比自己高,原有的喜悦就变成了不甘。投资者总是觉得自己的股票涨得慢,如果身边再有朋友拿到了大牛股,"不患贫而患不均"的心态就很容易占据上风。

这种心态下,很多人都会抛弃自己熟悉的股票,去买那些弹性高但自己缺乏研究的企业。更有甚者,会有为数众多的人开始加入击鼓传花的游戏,以为自己不会是最后一个接盘。

2021 年的春节后回调行情中,下跌比较多的大部分都是去年的所谓"赛道股",这些靠"抱团"来完成"空中加油"的股票,不少资金已经在年初的大涨中夺路而逃了,接棒者就是这些以为后面还有接盘的人。说不甘心也好,贪心也好,在上行的市场中,很多人原可以拿着熟悉的股票稳稳赚钱的,但攀比的心态毁掉了一切。

用自己喜欢的方式赚钱,才能保证长期稳定的收益。我们每天都在错过很多好股,重要的是自己手里拿的那些也很好,这就可以了。对个人投资者来说,和别人比较是没有意义的。投资是自己和自己比较的事。我们不是机构,要考虑排名,考虑客户感受,绝对收益比相对收益更重要。

投资路上,时刻都需要保持独立思考,避免被旁人带节奏。寻师访友可以不断,但绝不能盲目跟随,更不要看着别人的收益眼红。投资需要成本,这个成本不仅仅是本金,也包括投资者在学习、研究上所耗费的时间和精力,甚至包括承受波动的情绪付出。

我们看到他人的收益之时,如果能更多地理解其为了这个收益所付出的代价,才能更好地学以致用,让自己的投资收获更大。而如果只看到了别人的收获而看不到其收获的原因,这就非常危险了。投资,要时刻知道市场在做什么,时刻知道自己在哪里,不被他人的节奏所干扰,属于你的钱自然会落袋为安。

投资感悟碎片之交易篇

1. 对确定性高的股票来说,有问题的时候才有钱赚。所以,好股票只有在很多人恐慌的时候才有好价格。而好价格,是忘掉恐慌的最好方式。好股票只会因为价格下跌,变得更好。熊市是好股票的天堂,好股票是危机中的护身符。

"低"是可以买到的,"底"是"低"的结果,但要事后才能知道。股市从来都是少数人在赚钱,都赚钱的时候就是"顶",都亏钱的时候就是"底"。底是涨出来的,出现好价格的时候买入好企业,这时候底就不重要了。

2. 投资是和时间赛跑的一门生意,急跌不可怕,可怕的是旷日持久的"阴跌",时间是不可逆的,那是一种永久损失。时间是一个抽象的指标,但却是各种因素中最有分量的一个。不考虑时间价值的投资者,还谈不上价值投资或者趋势投资,只是一个菜鸟投资者。

该跌就跌,该涨就涨,把属于市场的还给市场才是长久之计。跌得快弹得也快,跌得慢弹得也慢。做投资,如果拿的是好股票,实质上我们的最大成本是时间,时间短点效率自然高。

只要有51%的胜率,如果时间足够长,那也是稳赢的。时间是股市的裁判,我们做好自己的事,剩下的交给它就行了。

3. 投资本身就是一件以预测为基础的事,资深投资者与新手的区别,在于预测的依据和预测的方法不同而已。

4. 股票投资中,能笑到最后的永远只是极少数的人,行情越大赔钱的越多,每次都不例外。

真正的价值投资者是越跌越兴奋,左侧才是天堂。而每天盼着牛市来到的,基本上都是趋势投资者。90%以为自己是价值投资者的人,实际上都是在做趋势投资。

5. 仓位控制,就是和自己的心在战斗。希望买到最低和希望卖到最高一样,都是贪心的结果,其实节奏比浮亏更重要。天上掉金子的时候,大多数人都会如临深渊。

顶是尖的,底是圆的,时间是最好的洗盘工具。喜欢熊市的人往往能赚到大钱。

6. 对个人投资者来说,研究100只股票,不如把一只股票研究100遍。投资得时刻知道自己在做什么,也要清楚股票在做什么,更要明白为什么要买,什么时候要卖。

仓位调整,是为了提升持仓的时间价值。减仓不代表不看好后市,就像一个球队加强防守,只不过是为了更好地进攻。每个人都有自己的风格,有的人认为最好的防守是进攻,也有的人认为最好的进攻是防守,这些方法很好,都有很多成功的典范。重要的是坚持住原则,不要犹豫,也不要一山看一山高。

至于高杠杆行业,不用担心进攻,防守好就能赚钱。

7. 一只股票,如果甲的买入成本是100元,乙在90元买入,甲的成本就比乙高出了10%。10年后,这只股票涨到300元的时候,甲的年化收益是11.6%,乙的年化收益是12.8%,差距并不大。

A股的特点就是波动率过大,短线的犯错机会远远大于长线。事实上,只要不是在2007年和2015年这种极端的高估值下进仓,以持有5年为基础,买入那些有业绩保证的"白马股",想赔钱是很难的。而对长线选手来说,便宜的时候,最重要的是先把股票买回来。差十个点八个点是赚多赚少的问题,买不到则是赚不到的问题。

8. 做投资,不要一开始就定太高的目标,弱水三千,一瓢足矣。马拉松训练也是从5公里、10公里开始的,即便具备一定的基础,也至少需要完成几个月的训练计划,来一点点提升身体的耐力和速度。做投资也是一样,需要循序渐进来提高自己的抗压能力。

上涨的时候要看大盘情绪,而下跌的时候我基本上是以对个股的理解为主。如果对企业有坚定的信心,回撤得越多意味着后面赚钱的机会越大,这是好事。

9. 很多人做投资的乐趣都不是赚钱,而是占便宜。但没有人靠占便宜成为王者,何况便不便宜都是暂时的,回头看时好企业从来就没贵过。买入中国最优秀的企业,等他们成为世界上最优秀企业的时候,所有的付出都会如愿以偿。

买到了好价钱,长期持有就会变得容易;买到了好股,早晚都会有好价钱。

10. 大多数人对企业的了解只在皮毛,但大盘指数的涨跌和自己资金的盈亏,还是能看懂的。所以,大多数自认为的价值投资者,其实都是价格投资者。

股票市场上90%的人都是赚不到钱的,关键时候,这些情绪就是最好的风向标。逆行,是赚钱的基本原则。

11. 股价便宜的时候,就不用管大盘在哪;贵的时候,大盘在哪都没用。不管什么时候,拿着低估的优质股票肯定是对的,但那个低估的股票是招商银行还是中国华融;所谓的优秀企业是长春高新还是长生生物;这种判断本身就是一种能力,一种比 K 线和估值都要高得多的能力。如果没有这种基本功,还每天都在谈"低估买入""长期持有"之类的语录,这种价投其实和投机没有什么区别。

12. 知人者智,自知者明,在践行价值投资理论之前,先要看清楚自己的能力边际。我见过很多能力、见识都很一般的人,他们十几年就守着自己那一亩三分地,用一套土办法,却总能赚到钱。

13. 投资是面镜子,显现的都是自己的模样。有的人钱袋能容纳 1 块钱,他能赚的就是 1 块钱;有的人钱袋能容纳 10 块钱,他能赚的就可以是 10 块钱。

股票市场没有对错,只有人心理的投影。做自己力所能及的事,赚自己看得懂的钱,股市错时你也会对;做自己力所不及的事,赚自己看不懂的钱,股市对时你也会错。

14. 把股票当成零和游戏的,是来投机的,赚的是交易的钱;把股票当成正和游戏的,是价值投资者,赚的是企业成长的钱。两者并无高下之分,但现实中很多以价值投资者自居的人,做的都是投机的事,而自己却茫然不知。

有人说,性格决定命运,有的人喜欢赔率,3 倍空间愿意等上几年时间;有的人喜欢胜率,先把确定的钱赚到手,再看下一步的机会。怎样选择没有标准答案,找到自己喜欢并擅长的模式,最后成为赢家的概率都比较大。

15. 从长期来看,股市始终是一个少数人赚钱的地方。如果都脱实入虚,会严重影响经济发展,导致股市大跌,形成恶性循环。如果始终没人赚钱,资本市场不能形成正向循环,也一样会抑制实体经济。

"七亏二平一赚",这是合理的安排,个人主观上的喜好,改变不了股市的本质。

16. 同样的动作,高位和低位有很大区别。熊市股息率高是加分项,牛市股息率高多半是个坑。质素相近的个股,股息率高的那个,一般都是股价涨得慢的。投资,一定要先搞清楚自己到底是来"炒股"的,还是来"收租"的。两种方式都挺好,但千万别错配。

工商银行的股息率高,是因为股价涨得慢;贵州茅台的股息率一直不高,是因为股价涨得快。如果房价如股价,租售比就是股息率了。房价经过十几年的大涨,把租售比降下来了,如果未来几年房租涨幅超过房价涨幅,租售比就会好看得多。

17. 对个人来说,用投资收益率来做投资能力高下的判别标准,其实意义不大。拿100股茅台赚了1倍的人,就比拿10万股平安赚了10%的人更优秀吗?! 有的人求稳,有的人求激进,各有各的追求。不同的目标,决定了各自不同的投资风格和投资标的,各得其所就好。

18. 苹果手机,靠单一的产品吃遍天下;三星手机,靠数十种机型抗衡苹果,也成功了;华为手机,在苹果和三星之间找到平衡,打造了几个系列的产品,也成功了。股市里,折腾多的大多会亏,但巨亏的往往都是不怎么折腾的;不折腾的亏钱的也不少,但大赚的往往也是不怎么折腾的。

各有各的长处,各有各的背景,各有各的价值观。该折腾的就得折腾,该不折腾的就不能折腾,归根结底看你是什么样的人。每个人都有自己的风格,也只能有自己的风格。知人者智,自知者明,不必在意别人甚至是名人怎么说。找到自己的方式,别去邯郸学步。

19. 价值观决定价值,你是什么样的人,决定了你能赚什么样的钱。做投资应该先了解自己,这比了解股票市场更重要。找到自己的位置,有些钱就已经进入了你的口袋,只是早几天晚几天变现的事。

而跟在市场热点后面跑来跑去,涨时不敢重仓,跌时不知所措,这种情况即使赚时也赚不了多少,赔钱时却经常是永久损失。投资人应该有自己的骄傲,不是什么钱都要赚的,实现自己的目标就好。

20.每只黄鼠狼,都喜欢那些想要勇闯天涯的大公鸡。离钱近的地方,多些警惕不是坏事。常识,比任何人都可靠。相信常识,相信自己的平凡,相信规则和纪律这些最简单的东西。股票市场从来就没"傻"过,"傻"的是那些自以为聪明的人。

除了像巴菲特这样能买到董事会席位的人(这是他能够数十年长持的根本原因),其他的投资者都无法对所持标的真正彻底了解。危险的地方不要去,危险而且还有替代品的东西那就绝对不碰,这是原则。

07

第七章
价值是技术分析的根本

对某些价值投资者来说,技术分析是一个谬论;而对某些技术分析者来说,股票的内在价值则显得无足轻重。能在股市中长期存在的事物,自然有其存在的原因,我用价值分析去理解那些我所能理解的东西,但在有些暂时还不能理解的地方,用技术分析总比猜硬币胜算的概率更大。事实上,我所理解的技术分析范畴,包括很多价值分析元素,而价值则是技术分析的根本所在。

第一节　价值投资者,有必要做技术分析吗

很多人以为技术分析是算命的,以为技术分析应该是指哪打哪。其实技术分析只不过是在价值分析触及不到的地方,给大家一个辅助;没有那么神奇,但却符合股市的投资情绪。

过去十几年,每一次大的顶底,基本上都能找到价值分析与技术分析的同步之处,这些结论有些是我能提前判断的,有些是事后才理解的,但这足以说明技术分析并非无中生有。

技术分析正确与否并不重要,我见过不少让我叹为观止的技术分析高手,但十几年下来收益一样不多。在这个体系中,最重要的不是预测,而是对策。对策的根本,必须依托于价值投资。脱离了技术分析的纯价值投资,依旧可以长期盈利;而脱离了价值投资的纯技术分析,无异于如履薄冰。

真正的高手也许并不涉及技术,但一样能暗合数理和趋势,这是我正在追求的境界。但在有所成绩之前,技术分析能帮我看清楚很多价值分析的盲点。在我看来,投资之道在于企业经营、财务分析、估值、现金流折现等,这些价投必备能力也是一种技术,非K线技术而已,它们出来的结果与技术分析异曲同工,都有很多明显的缺陷。但如果价值分析和技术分析相结合,很多问题就能看清楚多了。价值投资和技术分析就像两条铁轨,看起来永不相交,但同时存在却能事半功倍。

　　对绝大多数投资者而言,资源、信息、能力、学识、性格等种种因素结合在一起,决定了其终身无法进入"随心所欲,不逾矩"的境界,多了解一点技术分析,并不是坏事。

　　大部分人心目中的技术分析只是沧海一粟。我理解的技术分析可以分成5个体系:几何体系、代数体系、物理体系、财务体系、哲学体系。

　　(1)几何体系,包括图形、K线、形态等。

　　(2)代数体系,包括数列、参数、指标等。

　　(3)物理体系,包括能量守恒、杠杆原理、力学原理等。

　　(4)财务体系,包括财务分析、现金流折现、估值等。

　　以上4点,不管是技术还是算术,都是"用",是"用"的基础部分。

　　(5)哲学体系,包括矛盾论、相对论、方法论等。

　　第5点,是"用"的形而上部分,要建立在前4点的基础上才能有的放矢。

　　对于投资而言,真正的"体"是企业的经营,这是创造价值的原因。而上面所述的5点,之所以都统归于"用",是因为它们都是价值的外在表现。

第二节　技术分析必须建立在价值分析的基础上

　　90％的所谓价值投资者,实际上都是在做"算术分析"而已,和"技术分析"者一样,还没有脱离"技"的层面,所不同的是,"算术分析"的数字来自报表,"技术分析"的数字来自K线和指标。

　　有些人基本上就是"语录复读机",把导师的名字挂在嘴边,把数字当成企业的一切，却终日背道而驰。其实，一切能用数字来理解的东西，都是"用"。而"体"是企业经营中那些无法用数字来解释的部分。

每个人都有认知边界，再怎么专注研究一个企业，也仍然会有很多忽略或者不懂的地方，这个时候技术分析能辅助投资者，提高其对未知部分的判断能力。对一些经验不足的普通投资者来说，技术分析比价值分析更难，需要有更为丰富的股市经验和社会阅历，只有在价值分析的基础上再去做技术分析，才能不走弯路。

很多价值投资者是排斥技术分析的，实际上，价值投资和技术分析本来就没有矛盾，上天给了人两只手，有的人却总是想着留左手还是留右手的问题，并且以此为荣。其实，当价值分析与技术分析形成共振的时候，股市的有效性才是最强的。

股市的短期行为是难以预测的，但如果这个短期行为是某个长期行为的一部分，那么它的可预见性就会增强很多，甚至达到可以预期的程度。随着机构投资者的比例逐步增加，自动化交易对股市的影响越来越大，技术分析的准确性也将随之越来越高。

牛市赚钱的原因和熊市赔钱的原因往往都是一样的，所有技术分析的第一原则就是先分市。没有这个前提，一切都毫无意义。而股票自身又是有重量的，所以技术分析在头部会比底部更加有效。

越短线的技术分析准确性越低，越长线的技术分析有效性越高，越是长期单边行情的末期，技术分析的有效性越强。所以我不做波段，只做拐点，这里所说的短线和长线与时间无关，而是股价变化逻辑的具体反映。

对于技术分析，不要轻易否定，但也不要寄望太高。技术分析不是用来"跑顶抄底"的，如果出现这样的效果，那只是一种应用中的偶然。通过技术分析，年化收益能提高几个点就已经算是不小的成功。年化20%和年化25%的差距，在10年之后会超过3倍，这种复利正是价值投资精髓的一部分。

第三节　2015 年之后,我的技术分析操作记录

　　我是 2008 年做黄金交易开始入市的,黄金市场基本面的因素只是一方面,对一名个人投资者来说,资讯非常有限,基本上只能靠技术分析去操作,所以开始投资的前几年,技术分析一直都是我的主要交易方法。在 2010 年之后,我开始学习价值投资理念,受到彼得林奇、巴菲特的影响越来越大,但也没有否定技术分析。我一直觉得股票市场是有企业基本面和市场交易面两个侧面组成的,企业基本面的重要性当然更大,但市场交易面也是不可否认的。很多时候,企业的经营和业绩都在正轨上,但交易层面的崩塌一样会让市场出现很大的动荡。

　　尤其是作为个人投资者,我们所了解到的信息一般都是市场让我们看到的,那些基金、“牛散”可以深入企业了解很多我们看不到的经营状况,甚至提前几个月就得到公司的未来部署,等我们看到年报的时候,市场早就变化很久了。这个时候,技术分析的价值就能体现出来了。价值投资是做那些我们看得懂的部分,技术分析做的是我们看不懂的部分。K 线所体现的是资金进出的痕迹,也是市场的情绪和喜好,这是一种语言。如果能够把技术分析建立在价值投资基础上,其效果无异于如虎添翼。

　　下面这些图是我在网站上做的记录,我一并发上来,以便让读者看到一个连续 6 年多的真实操作记录。技术分析是建立在统计学、逻辑学、心理学和数学基础上的,是一种对市场交易价值的理解。

朱酒

2015-05-25 18:02 · 来自Android

阅读
326

大盘有恙, 开始减仓。前期疯涨的, 要还债了。

转发　　评论　　赞　　收藏　　设置　　修改　　删除

以上是在 2015 年 6 月"股灾"前发出的预警,当时我清掉了除少数银行股之外的仓位,成功躲过了后面的连续千股跌停。

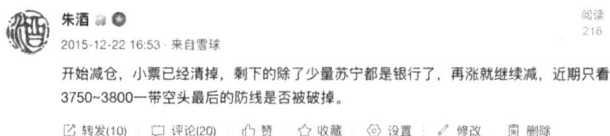

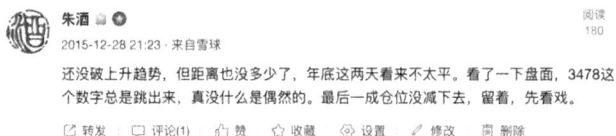

2015 年 12 月底,我只保留了一成仓位,而 2016 年元旦后一开盘,便是连续的"熔断",流动性差到了极点,很多人"割肉"都割不掉。

历史第二大熊市已经触底了吗? 言之尚早

2018 年 10 月中旬,一些支持措施出台。股市也传言大底已到,很多人开始大举抄底,我第一时间表明态度:这里还不是底。后面两个多月的低位杀跌,一些抄底的人损失惨重。

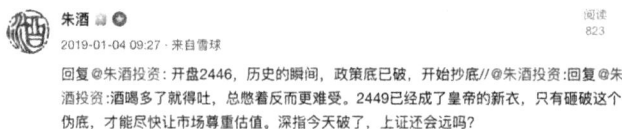

2019 年 1 月 4 日,集合竞价阶段便跌破了原来的低点 2 449,到处都是恐

慌。我直接全仓买入,买在了从 2015 年 6 月开始的、持续了 3 年半时间的下跌
行情最低点。

朱酒
来自雪球 发布于2019-04-08 12:52

开始减仓,小心"天雷滚滚"

2019 年 4 月上旬我发文预警,表明从 2 440 点开始的单边上升行情结束。
这个时候的 3 288 点,成为后面 1 年零 3 个月时间里的最高点。

朱酒
来自雪球 修改于2020-03-18 10:57

不割肉不抄底,让成交量降下来,迎接红4月

来自 朱酒的雪球原创专栏

头一小时的量比昨天减少了近1/3,这是好事。前几天大跌,上证指数还能保持3000多亿的
日成交额,这种分歧下市场是不可能见底的。抄底之后就会割肉,割肉之后就会抄底,这种
交叉传染是最危险的。先有地量,才有地价,让抄底的死心,让割肉的休克,这个世界就恢
复正常了。

2700多点的市场,从价格上看已经是底部,但别追求那个最低点,几个点的收益放在几年
里,根本就可以忽略不计。从这几天美股和A股的走势上,我们已经明显看得出关联性在弱
化,我们的恐慌更多是源于我们自己。赚大钱的时候,却如临深渊。

2020 年 3 月中旬,受国外疫情全面爆发的影响,股市上哀鸿遍野,到处充斥
着极度悲观的行情,很多人已经在看 2 000 点的支撑了。我在 3 月 18 日发文,
表明这里已经是底部,迎接红 4 月。后面上证指数迎来了全面反转,出现了
1 000 点的大行情。

朱酒
01-28 10:53・来自雪球

回复 @朱酒:这两天我连续发出提示,要注意大盘风险,但回应寥寥。都活在牛市思维中
了,只想着怎么赚钱,这是牛市综合症的典型表现 😓 //@朱酒:回复@朱酒:昨天中午这
段话,大家注意点可能都在前面了,最后一句不要忽视啊。虽然现在是短期,但也要看
是否会发展升级,以及水又会换什么航道。临渊羡...展开 ⌄

2021年1月,很多2020年大涨的股票继续走高,股市一片集体狂欢。我逆市进行风险提示,在经过春节假期的短暂休息后,白马股高位大跌,贵州茅台全年的最大跌幅超过了40%。

第四节　大跌行情,我是怎么预判的

技术分析必须建立在价值分析的基础上,对于一些较大的市场变动,只有把价值分析和技术分析有效对应起来,才能够更清晰地理解到市场变化的内在机理,也才能更及时地做好相应的调整策略。下面这篇文章写于2021年3月初,是我对2021年春节后的市场大跌做出的即时分析,可以作为一个典型案例,以便大家更形象地理解,技术分析是如何与价值分析相结合的。

2021年春节后,股市一改节前高歌猛进的走势,出现了持续下跌。很多个股的跌幅远远超过大盘,短短一周多的时间,有些甚至达到了30%。如果按照大盘下跌趋势形成的时间来算,由于3 731点出现的2月18日和之后的2月19日收盘价都是上涨的,真正的跌势形成是在2月22日,我当天下午就在网上发了帖子,做了风险提示,如下图所示。

朱酒　来自雪球 发布于02-22 14:10

不要急着捡便宜,这一次回调压力要比1月底大得多,尾盘如果不能收回来,未来几个星期的走势会让人饱受煎熬的。

阅读 12.1万

当天尾盘不但没有收回来,还以全天最低的3 642点收盘,跌势形成。之后各指数形成了共振,股市开启了全面大跌。我随后又陆续在 2 月 23 日、2 月 24 日和 2 月 26 日先后发帖,提醒大家不要捡便宜,后面还有更低的价格。

有朋友问我是怎么判断到这轮行情的,我从来不会因为哪个消息哪个形态或者指标就轻易做出结论。这一次调整的使命是至关重要的,甚至可能决定 A 股未来 10 年的风格。我做出上面的结论也是慎之又慎,经过反复的研究理解后,才会在第一时间和大家分享。

天地不仁,以万物为刍狗,股市就是股市,它不会管你做的是价值投资还是趋势投资,是做日内短线还是长期持有,该涨的时候就会涨,该跌的时候就会跌。只有从各个方面建立起立体式的全景认识,我们才能知道它在做什么。这一次下跌的判断,我是从 8 个维度来分析的。

1. 宏观流动性开始趋紧

2020 年是一个极其特殊的年份,国家为了企业稳定给予了一些支持,M_2 从连续 3 年的 8％提升到了 10％以上,这在防疫阶段是必然选择。但随着疫情的明显可控,大量流动性已经开始考虑回收问题了。2021 年以来,各地愈演愈烈的房贷紧缩,就是压缩宏观流动性的一个表现。

实际上,在 2021 年 1 月下旬的那轮小幅下跌,就是流动性变化的一个反应,当时的国债逆回购数据,已经对流动性缩紧体现得非常明显了。虽然叫作"不急转弯",但毕竟还是在转弯,市场资金趋紧的时候,被资金托起来的股市自然是首当其冲。

2. 股市逻辑已经发生根本性变化

我们应该都还记得 2020 年 3 月的"天翻地覆"吧,对公募基金这样的股市主力来说,他们是收管理费的,最重要就是资金的稳定性。所以,在 2020 年的二季度之后,大型资金迅速进入一些业绩相对稳定的板块,尤其是消费股和医药股。

由于受疫情影响,各企业的业绩或多或少受到负面影响,这些资金对行业确定性的要求明显高于企业确定性,这才有了一些行业"鸡犬升天"的现象出现。但疫情被有效控制之后,有些板块的估值很难得到业绩支撑。等到 2020 年的年报和 2021 年一季度报发布之时,很多个股就会有"原形毕露"的危险。当前的资金已经开始抛离"赛道论",行业确定性全面让位于企业确定性,"赛道论"已经被留在了 2020 年,大量的资金已经在调整操盘导向了。

3. 抱团股泡沫破裂

落潮之后,才知道谁在裸泳。2020 年,除了一些传统大蓝筹被市场追捧外,很多相同板块的个股也"近朱者赤",有些股价涨幅比行业龙头还要高。但这个涨幅不是由业绩推动的,而是靠估值硬拉上去的。随着业绩的逐步呈现,一些个股的表现明显低于预期,这个时候它们动辄上百倍的估值,看起来就显得触目惊心了。

股市上的估值体系,本身就是一个链条。在横向估值比较中,很多个股在上升阶段会形成一个上升阶梯,看到有 50PE 的个股,质素好一点的就被给出 60PE,以此类推。但在下降阶段,这种横向估值仍然有效,质素较好的个股如果从 80PE 降到 60PE,那么原来 60PE 的可能就会降到 40PE。这次下跌就是一个估值的下降通道,踩踏效应形成后,很多个股就遭遇了严重的杀估值,导致跌幅巨大。

4. 基金阵营正在分化

2020 年的股市主角是公募基金,在非常时期对确定性的追求是公募基金的共同要求,但在连续两年大幅获利之后,公募基金内部也开始了明显分化。

一部分基金仍然舍不得 2020 年的盈利模式,认为还可以在这条道上继续走下去,但另一部分基金却有着更加清醒的认识,在市场大涨的 1 月上中旬,就已经开始有序撤退了,1 月底的那一轮下跌序曲就是和此有关。到春节后,基金阵营分化更加严重,直接导致部分"抱团股"的泡沫破裂。

5. 美股压力再次袭来

受美国国债收益率持续走高压力的影响,美股在 2021 年 2 月中旬之后的表现整体不佳,部分股票的回调力度也是不小,特斯拉、亚马逊、苹果公司等旗帜性股票都有不小的跌幅。

2020 年美股连续熔断,连 90 岁的巴菲特都表示没经历过,A 股和港股也是受到了非常严重的冲击。整整一年后,发生"杯弓蛇影"的事,也就不足为奇了。

6. 调仓导致大盘阵痛

尽管市场上有很多泡沫较大的"抱团股",但仍然还存在着不少基本面尚好、估值又不高的板块和个股。这些板块或者是整体上受到了历史遗留问题的困扰,或者是由于去年的疫情影响了常规作业而导致业绩下滑,股价在过去一年时间里,一直表现不理想。随着去年较大的跌幅将风险释放完毕,市场逐步进入正轨后,这些板块或者个股也将迎来业绩的全面复苏。

有了 2020 年的超低基数,很多企业在 2021 年的业绩大幅增长已经是张明牌。这次下跌过程中,有些板块或者个股的股价并没有同步,有些甚至还在大盘的跌势中创造了历史新高。很明显,一些投资机构已经在调仓了,大量从"抱团股"中流出来的资金,正在大盘的下跌中进行调仓。

7. 市场情绪进入敏感期

A 股历史上的牛市,持续时间都没有超过两年半,最近一轮是从 2013 年 6 月到 2015 年 6 月,刚好 2 年;再上一轮是从 2005 年 6 月到 2007 年 10 月,持续了 2 年零 4 个月。2018 年之后的这轮行情,从 2019 年 1 月开始到 2021 年 3 月,已经持续了 2 年零 2 个月,再有 2 个月就会达到 2007 年那轮牛市的持续时间了。

另外还有一个数据,就是公募基金超过 30% 收益的持续,也是从来没有超过 2 年,而今年如果还能实现就是第 3 年了,这将是史无前例的。在投资机构内部,这两个"2 年魔咒"不断被人提起,市场情绪正处于一个敏感期,一有风吹草动,各路资金的反应会比前两年更加明显。

8. 各指数形成技术共振

可以看一下,本轮下跌中各大指数的 MACD 表现,上证指数、深证成指、创业板指、沪深 300 和上证 50 等主要指数,在 2 月底的时候已经全部形成日线级别顶背离。

依靠单纯的技术指标,并不能做出跌势形成的判断,但各大指数如此同步,反应的就不是偶然现象了。之前说过,技术分析一定要与价值分析和股市环境结合起来,这样才有实际意义。这一次,就是各大指数的同步共振,与股市基本面和资金面、情绪面共同作用,导致了市场出现大跌。

从上面 8 个维度,我们基本可以看清楚这次下跌的逻辑和契机,那么这次下跌还会持续很久吗? 牛市是否会因此终止了呢?

从目前的各个维度来看,牛还在。这一次牛市和以往几次有着根本性的不同,那就是一直在克制。尤其是 2020 年 3 月份那次调整,让整个走势变得更加缓和,远没有 2007 年和 2015 年那么犀利,细水长流,A 股正在走出漫长牛市,这一次的持续时间应该会大大超出前面几次,甚至有可能与美股 10 年长牛相媲美。

对于后面的关注点,一是要看以白酒和新能源车为代表的"抱团股",是否会进一步释放风险,在整体牛市的衬托下,虽然这些板块的估值下跌后仍然较高,但它们很难会变成 2008 年或者 2018 年那样的系统性下跌,横盘整理的可能性会更大一些,其间大幅反弹也是有可能的,毕竟还有很多资金在里面。

另一方面,要看一些去年受疫情影响较大的个股,是否会出现明显的上升趋势,只有这些板块把资金吸纳进来,股市才有新的增长动力。资金的逻辑在切换,但只要它们还留在股市内,大盘就还会不断被推高,牛就不会走远。

投资感悟碎片之技术篇

1. "体"与"用"是分层次的,而各个层次又都有自己的"体"与"用"。技术分析是"用"的层面,只能服从于投资之"体"。所谓的图形、指标、波浪、均线,都只是技术分析的皮毛,这些表象背后的人的心理,才是技术分析真正的"体"。同样,再高明的投资也只是"用",企业经营才是真正的"体"。

基本面是技术面的前提,技术面是基本面的表现,两者不可分割。技术分析,建立在价值投资基础上才能如虎添翼,没有了价值投资做基础就会变成无的放矢。单纯的技术分析学得越深,"走火入魔"的可能性越大。

2. "用"的层面是有穷尽的,可以理性分析;"体"的境界是无穷尽的,更多要感性证悟。定性分析也要建立在定量的前提下,否则对了也没有复制意义。所以,"体"的理解再深,也需要在"用"的层面多下功夫,投资有时候是一件力气活。

3. "失败的投资人总是相似的,成功的投资人则各有风格。"相对那些繁复的模式,有些方法看起来比较单纯,在有些人眼里甚至会不值一提,但周而复始地不断应用,一样能集腋成裘。走正路也许没有捷径那么诱人,却是通往成功的最安全通道。

证悟,很多时候都会遇到客观世界的种种干扰。但不管怎样,概率大的时候运气也会好,事倍功半总胜过一事无成。推算概率,靠的是数学,也要靠哲学。哲学的终极是艺术,美而不言;艺术的终极是哲学,直指人心。投资,是哲学和艺术的结合体。

4. 我们看到的投资理念和分析,都是"用"的层面,再高明的会计师仅凭一份财报,也很难看清楚企业的真实问题。企业经营才是那个"体",对经济环境的理解,对行业的理解,对消费者的理解,这些才是根本。从数据到数据,都是纸上谈兵。真实的股市和想象出来的股市完全不一样，一线的经验最是可贵。

有些东西是巴菲特、格雷厄姆、芒格、林奇能够教给我们的，但有更多的东西只能靠自己学习体会。对企业的理解和对自己心性的修炼，与自己日常的工作和生活结合在一起更好，得来的也更加坚实。

5. 对于一个理论或者一种技术，相信的人越多，它的准确性就越高。技术分析的至高心法，在于索罗斯的谬误性和反身性。价值投资者相信市场是均衡的，具有自我纠错能力。而技术分析者则相信股市一直在扭曲基本面，股市不仅仅是基本面的反映，也会对基本面产生强大的影响。这才是价值投资与技术分析难以相融的部分，只有极少数人能够调和。

拿出一个一元硬币，从正面看和反面看，观察到的图案是完全不一样的，但这并不影响它的实际价值。普通投资者终其一生，都只能看到一个图案，而在一些人眼里，始终都是一个完整的硬币，尽管有的时候他们看的角度和我们是一样的。

6. 选时的精髓，不在于预测，而在于对策。如果技术分析只是为了证明某一个点是顶或者某一个点是底，那就失去了本来意义。真正的选时，是不管出现什么样的行情变化，都会有相应的对策，区别只是某一种方向的摩擦成本会高一些。

价值投资，能够告诉我们的是股票的价值所在，是股价是否已经偏离了价值，很多人以为属于投机者专利的高抛低吸，实际上是价值投资者的基本功。真正的价值分析与技术分析原本没有泾渭之分，但只有建立在价值分析基础上的技术分析，才会长期有效。

7. 技术面可以提高资金效率，但仍然只是枝叶，基本面才是根。没有技术面，仅靠基本面仍然有机会盈利；但没有基本面只有技术面，那就如履薄冰了。我对技术面的看中，前提是我只是个散户，是绝对的弱势群体。如果我有巴菲特的资源，当然会完全不顾及技术分析，他的一言一行就可以做出任何图形和趋势来。

技术分析一定要建立在价值分析的基础上,也就是现象一定要与本质结合,尤其对散户来说更是如此。我们没有足够的时间、精力、财力、人际资源以及专业知识等去深入理解上市公司,对那些自己无法触及的地方,有技术分析总好过闭着眼睛凭天由命。

一切定量的分析,都是为了定性。有时候,我们看到的基本面不一定就是基本面。技术分析不会什么时候都有效,但至少能让你躲过如乐视网的股票。

8. 对自己要求低的人,总能找到偷闲的机会;对自己要求高的人,总能找到更忙的理由。职业投资不是为了有时间看盘,而是有太多东西需要学习。宏观经济、国际形势、行业发展、企业现状、产品、财务、销售渠道,还有经营管理、投资逻辑、科技趋势,甚至还包括时下流行的热点、社会动态等(要知道年轻人喜欢什么,因为未来是他们的)。

能够精研,当然是最好的,但个人投资者的能力和精力都有限,资讯也无法像专业投资机构那样发达,只能做到尽量深入,能弥补一点是一点。这也是我为什么还会保留技术分析的原因,有些东西自己看不明白,那就看看别人怎样表现,总好过一无所知。

9. 趋势不是一根均线、一个通道,而是一种思路,所有的线、通道、估值都是这个思路的表现。在思路没有转换之前,要尊重趋势。总觉得自己不是最后接棒的那个人,这就是90%的人在股市里赚不到钱的原因。

10. 投资不必每笔买入都要赚钱,但买入的逻辑一定要清晰。如果以年为单位,股市正确的时候居多;如果以日为单位,股市情绪化就很严重,而大多数投机者都是看着日线甚至分钟线操作的,这等于输在了起跑线上。

11. 投资不仅仅是要明白企业,也要理解这只股票交易者的心态。很多个股里投机者占绝大多数,他们眼里股价就是一切,对企业经营一知半解,有问题就牢骚满腹,怨天怨地,几乎每次都是如此。而这只股票的价格变化,也经常会出现异动,K 线记录的就是人的心理。

12. 指数看的不是估值,是人的心理。确定性是随着估值的提升,变得越来越小的。股市下跌,最主要的原因就是太贵了。而股价上涨,很多时候也不是因为这是一个好企业,而是它确实跌得太多了。

好股不是不变的,现在很多长期徘徊在底部的股票,几年前还都是大热门。把一件事分成两段,并不会变成两件事,但能搞明白企业价值和股票价值的区别,至少能在这个股市上活下去。

13. 没必要每分钱都要赚,我们负责把自己分内的钱赚了就好。价位合适的好股票什么时候都可以买,但别总想着抄底。抄底都是赚到钱之后才明白的,不是买入的时候要考虑的事。

14. 很多弹性大的股票,不是成长性好,而只是波动率大;而银行、保险这样的所谓传统赛道,不是成长性不好,而只是波动率小。股市上绝大多数股票,长期来看能保持百分之十几的股价增长速度,就已经很不错了。即便是某些牛股,其过去 5 年以来的收益率,也没有那么惊人。

15. 股价涨得多,和投资人赚钱多,有时候不是一样的。大部分人都喜欢追求大牛股,但这种股票的换手率表明能从头赚到尾的属于凤毛麟角,估值高后也很难重仓。反倒是那些温吞吞但一直在涨的股票,总是低于市场预期,也就很少给大家半路下车的理由,数年过去却成了仓里收益的主要来源。

16. 做投资,如果拿的是好股票,实质上我们的最大成本是时间,而不是空间,不必害怕暴跌,跌透了就好,空间换时间。我喜欢空间换时间的方式,就像终点都是一致的,时间短效率自然高。

做绩优股,时间越长确定性越强;做题材股,时间越长确定性越差。用空间换时间,就是用最安全的方法,把绩优股的时间缩短了,但确定性不变。但对题材股来说,正好相反,下跌自己也是有分量的。

17. 对于以空间换时间的股票来说,真要反转就是几天的事。但为了这几天的反转,可能要付出长时间的坚持。什么样的股票有什么样的投资者,对价值观不一致企业的股票,很难拿得住。任何企业都有高低起伏,用低点对比高点,或者用高点对比低点,都没有多大意义。弱水三千,找到自己那一瓢就好。自己种的地,收得踏实。

18. 规避回撤是结果,而不是原因。2015 年 5 月,满市场都找不到低估标的,那时我只能满手银行股,后来下跌的时候收益反而创新高了。2018 年 12 月,我看什么都便宜,一直买到亏钱,才有了满仓迎接 2019 年。我的这种逃顶和抄底,实际上根本没考虑过大盘。买入好股票,自然就会逃顶和抄底。

有些回撤是没必要控制的,该撤就撤,重要的是拿的是不是好股。满仓上涨有多开心,满仓下跌就有多难过,但实际上这都是虚的,只是不同的心境而已。

19. 对于财报,当然是研究得越透彻越好,但这必须是在对企业经营有深刻认识的前提下进行的,否则会南辕北辙。上市公司的会计师都是精英,别总想着去超越他们的专业。很多人每天都在计算,每天都在评估,实际上做的都是从假设到假设的过程,而自己投入的却是真金白银。

我一直觉得价值投资是比技术分析更难的事情,欣赏、学习、操作,是三个不同的概念。有些股票,不懂的人和懂的人都能拿得住,一知半解的人却基本拿不住,还不如老老实实买几只确定性好的大盘股。

08

第八章

投资是怎样炼成的

投资是一个自我进化的过程,每个投资者基本上都是从懵懂无知开始,一点点砥砺前行,经过无数的艰苦和磨炼,才迎来云淡风轻。一个投资者的投资生涯,就是被时代不断打上烙印的过程,伤疤是他们的勋章,更是他们不断自我提升的阶梯。

第一节　一个职业投资人的自白

有些东西也许是一种宿命，但这宿命并不是一览无余的。一个人总要经历过很多事，才明白为什么会有这么多的经历。

2020 年 12 月份，在雪球嘉年华的现场演讲中，我曾经说过："我是一名职业投资人，这并不是说我的投资能力有多么职业，而是说投资是我的职业，我是靠投资吃饭的。如果我投资失败，那么就没有饭吃了。"然而，20 多年前，当我还在上大学的时候，我无论如何也没想到，我会把投资当成我的最后一份职业。

一、被颠倒的宿命

事实上，我的高考第一志愿原本报的是广告专业，我喜欢那种创作感。但阴错阳差，发榜的时候录取我的却是国际经济专业。我那时候对经济不但没有兴趣，还充满了反感，冷冰冰的数字远远比不上文字和色彩的吸引力。我认真研究过转专业，但却失败了。我并不知晓，那个阴错阳差实际上是命运为我安排的"捷径"，但在我当时看来，这就是一条崎岖坎坷的荒野小路，最重要的一点，是我根本不想去那个方向。但当时没有别的选择，不愿走也得走下去。

在诸多枯燥的课程里，有一门课叫《证券投资》。如今，我已全然不记得里面讲的是什么了。当时完全是靠死记硬背通过的考试，还没毕业里面的内容就全还给了老师。我对这门课印象最深的，就是每次都得提前占座。每次上这门课，都有大量的外系同学前来听讲，有些甚至是其他学校的。看着他们认真努力听讲的样子，我真有几分羡慕，但自己就是喜欢不起来。当时的我确实没想到，在十几年后我又把这些内容全部自学了一遍。我不知道该感慨"莫等闲，白了少年头"，还是该念一句"此情可待成追忆，只是当时已惘然"。

毕业之后，我终于完全抛离了自己的专业，彻底从头开始。其中的艰难自不必多说，但最终有幸进入了房地产业，这是我永不后悔的选择。在那之后，我一直忙于工作，对股票基本上从不关注。直到2007年，一轮牛市全面开启，身边越来越多的人开了户，大家的言谈话语间，股票这个话题出现的频率也越来越高。

当时，也是房地产市场很火爆的时候，我的资产基本都在房子上，再加上对股票一直兴趣都不大，虽然身边人赚钱的消息越来越多，但还是没有开户。但随着2007年下半年宏观调控的加强，结合大洋彼岸次贷危机的爆发，也让我对把资产全放在一个篮子里有些担心。但看看股市，大多数我熟悉的企业都已经在一年多的时间里涨了好几倍。多年的企业实践让我深知，现实中的企业赚钱有多难，这种迅速膨胀的泡沫，让我无从下手。

于是，我自己建立了一个模拟账户，主要研究我最熟悉的地产股和银行股。但从开始创建这个账户起，市场就一直在下跌。我当时对投资完全是门外汉，看着电脑屏幕上不断下跌的数字，完全不知道是什么原因，只是让我更坚定了一个信念：股市是个危险的地方，不要轻易参与。

到了2008年，大洋彼岸的次贷危机愈演愈烈，对国内楼市的影响也开始有所体现。各界的争议声音不断，我在日常工作中经常与各个环节的业内人士就此交流，但大家对房地产市场未来的发展趋势都说不清楚。这让我顿感，自己这些年只是站在了市场的浪尖上赚了一些钱，但根本不知道为什么会赚到这些钱。

2008 年 3 月，我经过慎重的考虑，注册了一个黄金交易账户。之所以没有注册股票账户，是因为我经过半年多的观察，发现市场上的股票普遍被高估，对后面会调整到什么位置根本没法判断。当时金价连续上涨，我决定由此着手，开始我的投资生涯。开户的主要目的并不是赚钱，而是希望能借此多研究一些宏观经济形势，并把这些研究成果应用到工作中。开户时，我只在账户里放了一万元，这对当时的我来说，是微不足道的一笔钱，就当是交学费了。

事实证明，我真的是在交学费。我入市的时候，金价已经处在一个绝对高点，买入后只赚了几百元，便头也不回地开始持续性下跌。黄金交易主要是晚上 10 点钟以后，我白天工作，晚上看盘。研究黄金、研究石油、研究美元，从区域形势到通货膨胀，我开始不断去补大学里那些没有学好的基础知识。

由于黄金交易的数据很少，我的获知渠道也非常有限，当时的主要交易依据就是技术分析。我在几个月的时间里，囫囵吞枣般地学习了蜡烛图、道氏、江恩、斐波那契数列、黄金分割线、MACD 和艾略特波浪理论等，划了无数条线，做了无数次计算。而到年底的时候，差不多亏了 30% 的本金，和同期的股市相比，跌幅差不多。

那之后，我对黄金的价值有了根本性怀疑。差不多一年时间里的数十次失败交易后，我发觉黄金远没有传说中那么高的价值，它只是美元的镜像工具，是一种用于对冲的手段而已。这一年里，虽然一直在交学费，但我对国际经济形势有了脱胎换骨般的理解。从那之后，我研究报告的开篇，基本都是一大段国际经济形势和国内经济形势的分析，并把这些宏观理解与目标项目有机结合起来，让经过了 2008 年的地产人深有共鸣，这份学费总算没白交。

2009 年 7 月，我正式告别了黄金交易，注册了自己的第一个股票账户，真正开启我的股票投资生涯。但那个时候，我的驱动力还是学习经济知识，而不是为了赚钱。那时的我完全没有想到 9 年之后，投资股票会成为我的职业。就像我在大学时完全没有想到,那些当时令我头痛不已的课业,十几年后竟让我甘之如饴。

二、骨子里的价值投资基因

对个人投资者来说,股市与黄金交易最大的不同点是:股市拥有大量的数据可以研究,股市上还有很多企业是我们耳熟能详的,我们每天都在用这些产品;而交易中的黄金,更多体现的是一种虚拟价值。

由于在进入股市之前有十几年的企业经历,我一直对那些股市中的概念和题材不太感兴趣,现实中的企业想要持续实现爆发性增长,需要时代、环境、产品和管理的完美结合,绝不是某一个因素改变就能彻底脱胎换骨的。从某种意义上来说,我一直都是个具有价值投资基因的人,这在我对股票懵懂理解的时候就已经体现出来了。

2009 年,我虽然是刚开户,但已经有了一年多的模拟盘经验,也经过了一年的黄金交易磨炼,我的买入逻辑还是很清晰的。当时,楼市经过了 2008 年的打击之后,在 2009 年一季度出现了全面复苏,各地销售情况都是一片大好。我身在行业中,对这一强烈反转的感受是直接的。

我买入的第一只股票就是万科,算是对自己所从事多年的行业,表达的一种致敬吧;同时买入的还有浦发银行和招商银行。我作为一个地产从业者,深知银行的重要性,更清楚房地产的发展中银行会有多大的收益。我的第一批持仓中,也包括青岛海尔、格力电器等家电业龙头,买入逻辑很简单:房子卖得好,家电自然不可少。

但 2010 年上半年,对房地产的宏观调控全面升级,不但取消了绝大部分优惠措施,更在按揭贷款上进行了严格管控。我当时管理着策划和市场研究两个部门,每周,各个项目都会有大量的客群分析汇总过来,传递的信号确实不理想。结合项目明显下降的销售数据,2008 年那种熟悉的感觉又重新在我心中涌现出来。我卖出了手上所有的地产股，亏了百分之十几。后来看来，当时卖出的价格，要到 4 年后才会重新回复。

2010 年的方向性调整，收紧的不仅仅是房地产行业的流动性，而是全社会性的，可当时的我并不懂得这些。我那个阶段的选股主要靠宏观逻辑，具体操作中比较依赖原来做黄金交易时学到的技术分析。对于企业的财务数据和生产经营指标大部分都不是太懂，只会看看简单的 PE、PB，入市的前几年，我甚至没有完整地看过一份财报。

从 2009 年到 2013 年，虽然期间我也有收获，但整体上一直在亏钱，是那种买什么赔什么而且根本不知道自己为什么亏钱的模式。好在我一直都有自知之明，始终抱着交学费的心态，在股市里投入的钱并不多。到 2013 年底的时候，我的持仓市值差不多只有 10 万元左右。做了 6 年投资，整体亏损超过 30％，但按绝对数字来看不过是亏了 3 万多元，以我当时的收入来算，是可以忽略不计的。

亏的钱不多，但对我信心的打击可不小。这 6 年时间里，我买过黄金、买过地产股、银行股、家电股、白酒股、汽车股、中药股等，却一无所获，我越发觉得股市的难以捉摸，在这里赚钱简直是天方夜谭。好在借助股市所学到的知识，我对宏观和微观经济环境的理解一直在不断深入。我当时创建了一家房地产服务的公司，经常要与一些企业家或者大企业高管就经济环境进行探讨和交流，这些学费还是很有价值的。

我当时的工作非常繁忙，经常在凌晨 5 点多起床，6 点多便到公司，看系统上需要审批的文件。8 点半之后到中午是各种内部会议，下午要去各个项目了解一线情况和拜访客户。到了晚上还有各种应酬，半夜回家是家常便饭，然后第二天还是 5 点多起床，循环往复。

那时的我总觉得时间不够用，也考虑过清掉所有的仓位，从此远离股市。但 6 年的时间，有些东西已经成了习惯，不知不觉中我对股市的兴趣越来越浓。不仅仅是为了学习,也不仅仅是为了赚钱。这里是一个世界,尽管里面还有很多东西让我百思不得其解,但我已经开始爱上它了。

三、把投资当成工作

2014年,在我的投资生涯中是至关重要的一年。在此之前,我已经开始系统性地研究价值投资了。最开始学习的是彼得林奇,他的一些理论对我的影响一直持续到现在,譬如"从身边最熟悉的地方选股""业余投资者也有机会战胜专业人士""PEG理论"等。后来又开始学习巴菲特和格雷厄姆,"买股票就是买公司""别人恐惧我贪婪,别人贪婪我恐惧""如果你不想持有10年,就不要持有10分钟""投资的安全边际"等经典论述,让我对投资有了相对系统的认识。

但在2014年之前,虽然这些理论已经让我深信不疑,但还只是停留在理论层面。长达5年的熊市,一直亏损的现实,让我始终不能把理论与实践结合起来。2014年,宏观经济环境需要一轮牛市,资本市场需要一轮牛市,我的投资认知也需要一轮牛市来证明。当所有的愿望都凝聚在一起的时候,牛市就真的来了。

那一年,尤其是第四季度大蓝筹的集体爆发,让习惯了大跌和阴跌的我,对市场的另一面有了全新的认识。当时,我的持仓主要是银行和保险,11月份上证指数站稳2 400点之后,底部完全夯实,我又买入了券商股,并增加了数倍的资金。"金三胖"势不可挡的走势,让我过去几年所有的挫败感一扫而空。

我所学到的价值投资理论,终于不只停留在纸面上了。年底那两个月,几乎我每看一遍账户里的数字都在上升,全市场都在欢呼"牛来了"!大家都喜欢牛市,其实最安全最高效的赚钱时段并不是牛市全面展开后,而是牛熊转换的那段时间。全市场经过7年的大回调,到处都是超跌的股票,很多银行股的市盈率都跌了三四倍,几乎全部跌破了净资产。

这个时候买入那些与宏观经济高度相关的企业,下跌空间很有限,上涨空间则是至少翻倍。虽然我追加资金的时间稍晚,但还是在当年实现了60%的收益,这是我投资生涯的首次大胜。从那之后,左侧买超跌的银行股和保险股就成为我重要的操作策略,在2016年初、2018年底和2020年3月下旬,我都是重仓在左侧买入银行股和保险股,收获都不小。比起金钱上的收获,更加重要的是,我坚定了在股市长期生存下去的决心。那几年艰苦创业,身体健康状况下滑得非常明显,很多小毛病一直不断。我的工作经常是"8127",就是8点前上班,晚上12点后下班,一周工作7天。

我的公司从零开始,到了第5年的时候,营业额已经达到了一亿元,净利润也很可观。但随着年纪的增长,我身体的承受能力在不断下降,尽管在股市里赚的钱还不多,但却给了我一个新的选择机会。不过当时我还没想过做一名职业投资人,只是想以后工作不要有太大的压力,靠投资赚点额外收入。

有了这个想法,我对投资的态度也就有了根本性变化。前几年,比起收益我更关心的是从股市上学到了什么。而从2014年底开始,我更加严肃地看待投资这件事,把它当成了一份工作,一份可以做到退休的工作,一份自己拥有更多主动权和更多自由时间流的工作。

四、第一次收益翻倍的经历

2015年是在股市上注定要载入史册的一年。上半年上天,下半年入地,从疯狂到绝望,从"妖股横行"到千股跌停,只用了几个月的时间。这一年,对投资者的磨炼,仿佛是先将其放到八卦炉里烧了100多天,又立刻将其扔进万古寒冰里淬火,能活下来的孙猴子才真正变成了孙大圣。

开年的时候,我的持仓是以银行股和保险股为主的,券商股的涨幅太大,被我先清掉了。但一二月份,银行股和保险股的表现都不太好,倒是2014年底表现平平的创业板连续大涨,两个月的时间就涨了超过30%。虽然我还是相信价值,对某些炒作痕迹太重的股票一直远离,但整个股市都在高喊"互联网＋"的时候,我对价值的理解也出现了变化。

2015年初的时候,我们从各种权威媒体上都会看到"传统的蓝筹体系必将受到新经济的严重挑战,拥抱互联网是投资者的必然方向"之类的论断。我想起巴菲特也曾经说过,成长也是价值的一部分,面对不可阻挡的"互联网＋",我也"落网"了,但我当时相信这真的是价值。于是我调整了仓位,除了继续持有一部分银行股和保险股外,大量买入了东方财富和乐视网这两个创业板中"互联网＋"的龙头,还加仓了格力电器、万达院线、时代新材等,尽量让持仓更加均衡一些。

不仅仅是在股市,在公司的业务导向上,我也做了大胆的尝试。找到合作公司,开发了一款非常简单的App,由于经费不充裕,这款App只能显示合作的项目名称和一些基本的项目信息。但在当时,这已经是全行业仅有的几个互联网营销产品了。我带着这个极其简陋的App,不断与沈阳、长春和哈尔滨的大型中介公司协商,希望大家能联手打造出一个纵贯东北四大城市的新房销售体系。

每一次见面的时候,我都会跟这些中介公司的老板们讲乐视网的生态体系,讲"互联网＋"的未来有多么势不可当。当时,我说的每一句话都是发自内心的,而这些老板看到我们在大连的成功,也都跃跃欲试,想在二手房的业务体系之外,建立一个前所未有的新房营销体系。

2015年3月份开始,市场全面"疯狂"起来,尤其是东方财富和乐视网这样的创业板龙头,股价很快就翻倍了,万达院线和时代新材也毫不示弱。到了5月份,我的账户已经盈利了一倍多。而东北4大城市的新房营销互联网体系的推进也在不断加快,所有的一切都在向我预期的那样顺利推进着。

2015年5月中旬的时候,我到一个城市的龙头中介公司去拜访,发现这个公司的一间办公室里放着十几台电脑,屏幕上显示的全都是 K 线图。一问才知道,这位老板手里的现金比较充裕,看到股市如此火爆,就搞了一个配资渠道,最高可给到客户 10 倍杠杆。我当时就感到一阵窒息:这时的股市有些疯狂过头了。10 倍杠杆,就是一个涨停便会翻倍,一个跌停就要血本无归,这已经和投资无关了。

2015 年 5 月初的时候,我就已经发现市场太热,有明显的回调迹象。但当时的理解,认为这是上升途中的一次大回调,洗盘之后还会继续冲击 6 124 的高点,没有新高的牛市怎么能算牛市呢? 可亲眼看到 10 倍场外配资的场景,我发现事情可能比我想象中的要严重得多。我静下心来,重新整理了自己的思路,从宏观形势、持仓企业的基本面和成长性,市场热度、技术面、资金面等多个角度做了尽量客观的分析,结论让我感到不寒而栗。我尝试着按照 2014 年之前的所谓熊市思维重新理解了一下,发现整个市场中只有少数银行股还算便宜,其他的都太贵了,很多企业在现实中连市值的一半都卖不出去。

当时,我在网上看到,很多声名显赫的"大 V"每天都在晒账户,大家讨论的都是什么时候能跨越 6 124,有些人甚至已经在讨论一年后能不能站上一万点了。那时,巴菲特的那句话最终帮我下定了决心:"别人贪婪我恐惧!"2015 年 5 月下旬,我大幅减仓,不但清掉了东方财富、乐视网、万达院线和时代新材这些几倍股,连持有多年的中国平安也全部卖出了。手里只剩下两成仓位,主要持有的是当年没怎么上涨的浦发银行。

2015 年 6 月 12 日,上证指数在触及 5 178 点之后,便开始了一路狂跌,半个月多一点的时间,下跌幅度就达到了 30%,其间,连当年涨幅不大的银行股都出现了跌停。千股跌停,让狂热的股市一下子变成了"悲惨世界",不但那些 10 倍杠杆的在几天内就被爆仓了,即便只持有一倍杠杆的也直接被腰斩,整个过程只需要两个星期。

由于在 2015 年 5 月底,我已经把涨幅大、弹性高的股票全都清掉了,手里的仓位又很轻,股灾来临的时候,我的主要工作就是买入。但面临着全市场的普跌,创业板和中小板的股票我不敢再碰,基本上就是买银行股,主要是买浦发银行。后来遇到了救市,大资金力挺银行股,到 7 月中旬我的账户反而出现了历史新高。

那时,我判断下跌应该已经到位,便开始买入银行股之外的标的,把 5 月份清仓的股票陆续买了回来。可是后面又来了"股灾 2.0",连浦发银行都出现了补跌,市场上更是不断出现千股跌停的状况。

到了 8 月底,两个多月的时间里,大盘从 5 178 点跌到了 2 850 点,接近腰斩。这种情况已经超出了我的理解范围。下半年我基本上是以短线的思维边打边退。频繁的操作,在股市的反弹周期里反而没有什么收益,到 2015 年底的时候,我把 6、7 月份"抄底"的利润全都还给了股市,但全年收益还是实现了翻倍。

五、迎来价值投资时代

2015 年底,随着指数的不断反弹,上证指数从 2 850 点涨到了 3 500 点以上,股市情绪又明显转暖了。但我一直判断这是个反弹,过去半年坍塌的不仅仅是指数,更是逻辑,一个新逻辑不可能几个月就能建立完毕。到年底前一周的时候,上证指数的反弹第二次冲击原有趋势,我决定再次大幅减仓。这一次只保留了一成多仓位,仍然以银行股为主。

但我也没想到之后会以那么惨烈的形式,展开了全面回撤。2016 年元旦过后,不但没有见到开门红,直接就是泄洪般的大跌,全股市不断出现千股跌停,也让我们深刻认识了一个词——"熔断"。到了 2016 年 1 月中旬,大盘终于稳定了一些,连续几天的横盘整理,我也开始按照计划陆续买回仓位。可到 1 月底的时候,又迎来了一轮暴跌,3天时间就跌掉了接近300点。

从事后来看,这一次终于"砸"出了2 638这个阶段性最低点。但当时,股市情绪到了一个极其低落的时期。2016年一整年,大家都成了惊弓之鸟,看什么都像下跌前的反弹,很多人已经在谈何时到2 000点了。那一年,我只在银行股和保险股上加大了仓位,其他的都只是做点短线,见利就走。我一直在寻找下一次行情的逻辑,但始终没有找到。也多亏熔断时我的仓位很轻,这一年多少还有些收益,但整体上对我来说这是平淡的一年。

到了2017年初,我终于想清楚了下一轮行情的逻辑,那就是供给侧改革。尽管这个词已经在股市上流传一段时间了,但一方面从理论到实践有一个过程,另一方面从2013年开始的创业板大潮暴涨暴跌,始终没有一个转换的良机。2016年中后期的相对平淡,让市场有了一个重新整理的过程,这些都让其水到渠成了。

2017年初的布局中,我买入了一批白马龙头股,并在6月份重新恢复了满仓,迎接这一轮白马牛市。在龙头股的不断上涨中,市场也全面恢复了信心,上证50在2017年下半年一路高歌猛进,而创业板虽然也有过小行情,但整体表现平平。市场的逻辑真的变了,有人把2017年看作A股价值投资元年,从某种意义上来说确实如此,那一年的很多东西一直延续到现在。

这一年对我投资体系的影响也很大,虽然从2014年开始,我便坚信价值投资的长期确定性,但其间还是有很多技术分析和股市情绪的因素在影响决断。2017年的投资验证,让我在投资决策的权重比例中,进一步提升了价值投资的份额,更重要的是我理清楚了价值投资和技术分析之间的关系,那就是"只有建立在价值投资基础上的技术分析才有价值",这对我投资体系的完善具有重大意义。

2017年是我在股市的丰收年,在工作方面,我也做出了一个重大决定。这一年夏天,我走出大连,迈向了全国市场。那之后一年多的时间里,我先后考察了 20 多个城市,不仅仅是看房地产市场,也在了解各地的文化、风俗和消费情况。读万卷书,行万里路,对一个投资人来说,这两点都必不可少。很多东西是书本里找不到的,或者是书上有,但没有实地考察就不能真正理解。

我从北部的哈尔滨、长春、沈阳、呼和浩特,一路考察到济南、青岛、郑州、南京、武汉、长沙,再到广州、深圳、西双版纳、海口和三亚等地,还用了几个月的时间在贵阳、昆明和重庆之间来回奔波。不同的因素在很短的时间内反复对比,我脑中的一些思维模式越来越立体了。在对地产和投资的认识上,这段经历至关重要。

六、成为央视《投资者说》嘉宾

2018 年是 A 股有史以来下跌幅度第二大的年份,仅次于令人窒息的 2008 年。这一年,我向价值投资的方向又迈进了一大步,这是实质性的步伐,在我的投资修炼中堪称里程碑。开年第一月,我手里的招商银行、中国平安、融创中国和格力电器等股票都是大涨,20 多个交易日我的收益便超过了 20%。这个走势太急了,所以我在 2 月初减掉了 1/3 的仓位,等到 3 月份才接回来。但这一年的"五穷六绝"来势汹汹,7 月份的小反弹也聊胜于无,8 月份又迎来了大跌。不但把我年初的收益全都跌没了,我还出现了亏损。

9 月份的时候,面对中国平安、格力电器、融创中国低迷的股价和仍然向好的企业基本面,我经过反复考虑,动用了一部分杠杆,把仓位加到了 110%。在此之前,我基本上是不用任何杠杆的,但我买入的股票从任何角度来看,都已经拥有了非常好的安全边际,没有这种历史第二大熊市,我很难拿到这样低廉的价格。更何况,我用的杠杆并没有平仓压力,可以扛得住后面可能出现的继续下跌。出于慎重原则,我这次的杠杆用得比较小,算是一种尝试吧。

我原本是想一直保持这样的高持仓坚持到熊市结束,但在 2018 年 10 月下旬,出台了一些救市措施,包括"企业的股权质押暂缓平仓"等。从历史上来看,这种救市手段从来不会救出真底,很多人关心出台的效果,我更关心的是出台这些手段的背景。

我去掉杠杆,并卖出了一部分仓位。之后两个月,市场果然迎来了大蓝筹们的集体补跌,股市的情绪比冬天的北风还要寒冷。这时候我的全年收益还是正的,这主要是因为1月份的收益比较大,为后面的下跌攒下了余粮,另一方面就是9月份我买到了一大批低价筹码。

当时我保持了连续4年的正收益,很想把这个纪录延续下去。但看着格力电器和中国平安等股历史级别的超低估值,我放弃这个纪录,动用了手上能找到的所有资金,全力买入。2018年,我的收益率是－6％,5年来第一次亏损,但看到仓里那些超低成本的股票,我很心安。

2018年10月,还发生了一件对我影响较大的事情。央视记者从网上看到了我的一些帖子,对我做了一个专访,最后形成了一个14分钟的专题片,在央视二套的《投资者说》栏目里播出了。

我做股票投资一直都没和亲戚朋友们提起过,这个片子的播出,一下子让大家对我刮目相看,好多人直接让我推荐股票。当时正是熊市最惨烈的时候,我知道自己眼中的那些宝贝,对大家来说可能都是垃圾股,即便他们买入,也很难拿得住,就全部谢绝了。为此还让有些人感到不太开心,但这总比让他们亏钱好得多。

七、开始职业投资生涯

我那时已经在全国奔波了一年多,2018年我乘坐了50多次航班,每星期都在飞。经常一觉醒来,先问自己这是哪个城市。由于常年不在家,我和孩子之间也有了非常明显的距离,这让我非常痛心。

到了2018年底,我非常认真地考虑回大连。但从房地产市场角度来说,由于大连人口相对不多,主城区基本没有大型可开发地块,交易是以二手房为主。

我要是回大连继续做地产,发展空间会比在其他城市小很多。但是这个历史第二大熊市给了我信心,看着仓里比黄金更珍贵的低价股票,我终于鼓足勇气,准备做一名职业投资人。

由于有了央视的专题报道,我省去了很多解释,家人和朋友虽然并不能完全理解我要做的事情,但还是尊重我的选择。我自己也知道职业投资和原来的业余炒股之间,有着多大的鸿沟。对一个中年人来说,开始职业投资就相当于放弃了 20 多年的地产生涯,放弃了让人羡慕的高薪和行业位置,去走一条九死一生的窄路,而且再也没有回头的可能了。这个时候,我才明白自己对投资有多么热爱。选择地产是我永远都不后悔的事,选择用投资作为自己最后一份职业,会让我对离开地产依然无悔。2018 年 12 月,我正式开启了一扇崭新的大门,这比我当初选择地产的时候更加艰难,但也让我进入了一个完全不同的世界,这是我的幸运。

苦尽甘来,2019 年 1 月 4 日,我投入了最后一笔现金之后,股票终于结束了长达 3 年半的超级回调,一路高歌猛进,势如破竹。2019 年,我取得了仅次于 2015 年的投资生涯第二高收益率,由于这一年投入的资金比 4 年前大很多,所以绝对收益已经大大超出过去的任何一年了。

2020 年 2 月和 3 月的两次暴跌,又给了我大笔买入的难得机会。尤其是 2020 年 4 月份,我卖掉了最后一套不住的房产,用上了所有能用的融资,买入了招商银行、中国平安、五粮液等股票。尽管下半年我重仓的地产股出现了超过 30％的暴跌,但凭借着 4 月份买入的超级廉价股,全年我仍然实现了正收益。

2020 年 4 季度,股市上"抱团股"横行,进入了一个非常极端的行情。但我这次并没有像 5 年前那样去买热点股票。5 年时间,让我对价值有了更进一步的认识,例如 2020 年底即便从 99 元跌到了 70 元以下,我仍旧牢牢拿着牧原股份,并又买入了一部分仓位。

2020 年 10 月份,我有机会去腾讯总部拜访交流,让我对观察多年的腾讯终于有了一个突破性认识,感谢后面两个月,市场对腾讯的不断"打压",让我在 500 多元的价格上把腾讯控股买成了我的第一大仓,达到了 30% 的持仓上限。

进入 2021 年,腾讯控股和牧原股份都连续大涨,到春节前腾讯控股上涨超过 30%,而牧原股份的涨幅更是超过 60%。"临渊羡白酒,不如养猪鹅",对于价值投资者来说,股市总有机会给你,只要你坚信价值的存在。

有时候投资就是这么简单,不管是大盘还是个股,暴跌到尾声的时候全力买入,然后静待花开就是了。

八、投资之道,上下求索

在做职业投资之前,我也考虑过退出地产圈,可能会面临与社会拉开距离的现实问题。但雪球改变了一切,在这里,我认识了很多良师益友,线上和线下的交流互动越来越多,对投资的共同热爱经常让大家一见如故。虽然各自的风格和理念不尽相同,但当你发觉世界上还有这么多志同道合的人时,那种永不独行的感觉就是一种幸福。

毕业之后,整整 23 年,我几乎从来没真正休息过。突然之间,有了这么奢侈的时间可以自由支配,我感觉有些无所适从。回大连之后,我买了很多书,又下载了大量年报,每天都在固定的网站去学习,我还给自己制订了一系列的写作计划。这才发现,时间看起来很充裕,但很快一天就过去了。晚上睡觉的时候,我都经常带着遗憾:还有很多问题没有研究明白呢。

我从骨子里,并不是一个把金钱看得很重的人,在过去 20 多年的工作中,我经常会放弃一大笔收入,只是因为我需要让自己成长得更快。对很多人来说,工作是为了更好地赚钱;而对我来说,赚钱只是为了更好地工作。我更像是一个求道者,金钱只是通往大道的一种工具而已。也许是天道酬勤,除了刚毕业那两年,我从来没有为钱担心过。强烈的求知欲,让我心甘情愿地比所有人付出更多。世界是公平的,即便有的时候它会让你失望,但在你强大的同时,一定会有足够的回报在另一个地方等着你。

做职业投资,没有了固定的收入,生活的压力也要大很多的。但这些压力就是我的动力。这两年我像海绵一样,疯狂地吸纳身边所有的水分,来让自己不断突破一个个瓶颈。回首看去,很多事情已经有了实质性的变化,我可以更加清晰地看到那些背后的东西,也可以更加从容地面对种种难题了。

有了足够的时间,有了更多的自由,我更加严格地坚持着自己的原则,即便这些原则在很多老股民看来有些异类。"有些钱我不赚,有些股我不买,有些坑我明明知道但还会踏进去"。看惯了种种技巧之后,我开始用最笨的方法去投资,我的时间感也明显变慢了,开始习惯以年为单位去思考问题。

对我来说,做职业投资最重要的不是眼下赚到多少钱,而是要创建出一个能够复制的盈利模式,然后可以不断去完善,但不要轻易远离。活在自己的节奏中,钱只是早来晚来的区别,而为了当下的利益放弃自己最擅长的模式,那这笔钱早晚会还给股市。这和我过去 20 多年的职场原则是一致的,不为方可为,这就是价值观决定的价值投资吧。

第二节　"十诫":送给准备做职业投资的年轻人

2018 年 12 月底从我正式成为一名职业投资人开始,已经过去两年多了,其间的收益已经超过了之前的预期。但比收益更重要的是做职业投资的经验,很多都是教科书上没有的,只能靠自己在实践中不断总结和论证。

我经常听见有人准备放弃现在的工作,去做职业投资。有些人是因为喜欢投资,想摆脱琐事的干扰,专心做自己喜欢的事;也有人则是因为当前的工作不如意,希望远离世俗,走进投资这个象牙塔;更有人是因为迫于生活压力,觉得股市是个能快速赚钱的地方,来这里碰一下运气。

这两年多的经验告诉我,职业投资是一个职业,这和大家所从事的工作没有什么不同。这里没有那么容易,也没有那么不可逾越,关键是自己的心态是不是端正,自己目前的环境是不是允许,还有就是你是不是做好了足够的知识积累和资产准备。

以下是我这几年沉淀下来的经验浓缩,很简短,但字字都是用时间和心血换来的,希望能对准备做职业投资的年轻人提供一些参考。

(1)先赚够钱再做职业投资,而不是想着在投资中发家致富。

(2)习惯孤独寂寞,习惯冷眼与嘲笑。

(3)读没读过万卷书不重要,最经典的几本读了就行;但一定要走过万里路,阳光大道和羊肠小路都要走过,最好是有迷途知返的经历。

(4)要有个好身体,个人投资实际上是个体力活,一个人要做投资机构十几个人做的事。

(5)养成随时随地学习的习惯,最耗费时间的不是看盘而是学习,尤其是书本之外的学习。

(6)当发觉现实与"大师"所讲不一样的时候,要找到融合之道,而不是非 A 即 B。

(7)投资的朋友圈很重要,但过分的交流会让人节奏紊乱,甚至可能变成邯郸学步。

(8)确定的 20%收益,比需要争取的 50%收益更重要。尤其是有客户的私募管理人更是如此。你的客户大部分都不是风险偏好者,更不是"巴菲特"。

(9)生死相搏的时候不能想着招式,投资股票的时候也不用想自己是不是价值投资者。

(10)一定要有家人足够的理解和支持，否则得不偿失。

投资感悟碎片之职业篇

1. 对我来说，职业投资者的意思就是，"我是一个以投资为职业的人"。这和大家介绍自己是个医生、教师、工程师没有区别，仅仅是个职业，而不是在告诉别人"我很职业"。

和任何职业一样，职业投资者需要大量的学习，不断地迭代知识体系，不断地承受市场的起起落落。我所认识的职业投资人，大都是原有工作中的成功者。走投无路才来炒股的人，基本上也很难在这个职业里生存。很多人羡慕职业投资者的时间自由，但对我来说，真没有时间自由的感觉，每天都是时间不够用，每天都发现不懂的东西太多。投资的经验越多就越发现自己的渺小，每日战战兢兢，如履薄冰。

2. 作为一个围城内的人，我奉劝那些还在围城外的投资者，这条路会比你原来的路更加艰难。绝大多数行业，做到前 10% 就可以过得不错了。而职业投资，做到前 1% 也不过是刚及格。没有足够的热爱，只是想赚钱，做职业投资真的是一件得不偿失的事。

如果用数据来做一个标尺，那就是"每天工作 12 个小时，仍然甘之如饴"。当然，天才除外。每个人追求的东西不一样，有人工作是为了赚钱，我赚钱是为了工作，而工作除了养家糊口，还可以有利润之上的追求。

3. 对有些人来说,职业投资是买好股票,然后每天喝茶聊天;对我来说,利润之上的追求才是更重要的,我赚钱的最大动力是可以更好地工作。世界上没有什么事比投资更让人开心的了,更何况还可以在开心的时候赚钱养家和自我磨砺。

投资人首先是人,首要理解的也是人。有人才有产品,有产品才有企业,有企业才有市场,有市场才有投资。开放自己的心胸,诚于人、诚于己、诚于事,以其不争故天下莫能与之争。投资是直指人心的,也可以说是对心性的打磨,是投资的必需品。

4. 周末踢场足球是很开心的,但职业球员的训练就是另外一回事了。和职业体育、艺术家相似,绝大多数人的投资和职业投资也完全是两回事。普通投资者把赚钱放在第一位,而职业投资者却始终把风控放到首位,因为这是他的最后一份职业。很多人到股市是来赚钱的,而职业投资者到股市是来吃饭的,目标不同,操作模式也不会相同。

5. 越职业,越知道自己的不足。职场的身体压力,大部分是自外而内的,职业投资的身体压力,则是自内而外的。做哪一行,身体都是本钱。有些东西的价值,是在没有它的时候体现的。

6. 很多事从下往上看是两回事,从上往下看是一盘棋。我们能看到的,"大资金"都了如指掌,你不肯吃点亏就不会有便宜占。理想在没变成现实之前都是可能性,投资做的是确定性;为了确定性,有时候需要牺牲一定的可能性。

我选的股从来不会是涨得最快最猛的那种,确定性才是关键。职业投资人,不是来赚个红包就走的,能长期赚下去才是最重要的。我已经无法做到和巴菲特一样长的职业生涯,只希望到巴菲特现在的年龄,自己还能继续这份职业。

7. 年轻时用时间换钱,年长了就得用钱换时间,感谢世界上还有职业投资这份工作,可以让我兼顾两者。我们都是幸运的,拥有股市这个伟大的发明。职业投资的首要条件是衣食无忧,压力太大会让投资变形。职业投资是没有退路的,但以此换回十几年的自由时间,去做一些一直喜欢做的事情,物有所值。有很多人关心职业投资需要多少本金,实际上如果股息收入能覆盖日常开支,压力会小很多。

一个严肃的职业投资者,和业余玩家的操作有天壤之别,也与投资机构有很大的不同。我从彼得林奇身上学到很多,受他的影响也非常大。散户有自己的优势,关键是要有自知之明。

8. 资金大到一定程度后,收益率降低正是专业性的体现,有些几万元或者几十万元资金的账户才会整天喊着满仓满融。小资金更关心年化收益率,而资金越大需要的越是确定性,对投资机构来说就更是如此。

但投资机构最大的问题就是经不起回撤,该"拿盆接金子"的时候,都是客户跑得最快的节点,而该高位套现的时候,客户的钱又不能不接。实际上,除了少数有绝对话语权的投资机构(譬如伯克希尔哈撒韦),大多数中小投资机构不过是个散户的集合体,很多人都不是很懂,基金经理能力再强,也会被拖下水。一个职业投资人,要是不能大幅跑赢机构的平均收益率,也就该出门找份工作了。

9. 个人投资者,很多都是靠运气赚钱的,"下跌20%敢于加仓,下跌30%敢于重仓",后面恢复正常股价时就可以赚钱。而大多数私募正相反,即便不设清仓线,收益下跌20%可能就会跑掉一大半的投资者,下跌30%基金则就要被清盘了。

私募要想保证规模,就不得不迁就投资人的意见,很多时候都是木桶原理起作用,最终大大影响收益率。对个人投资者来说,具备投资能力就可以了;除此之外,私募开发客户和维系客户的能力都非常重要,有的时候甚至比投资能力还要重要。

私募基金收益率和个人收益率的内涵有很大区别,能力再强的基金经理,做私募能发挥出一半功力都算不错了。看基金的业绩,一方面要看其年化收益,另一方面也要看曲线的平滑。暴涨暴跌的基金,规模很难做大。曲线的背后,是投机与投资的博弈。

10. 谈到弱者体系,很多人都觉得这是一种低调,实际上在草原中做一只兔子,比做一只狮子要警惕的东西更多。经验丰富的人才适合做弱者体系,绝大多数散户还是守着自己的能力圈,做相对的"强者"更好一些。很多人以"弱者"自居,做的却都是"强者"的事。

从来没有一个放之四海皆准的投资模式,不同的知识背景和从业经历,不同的性格和价值观,决定了每个人都有一个自己最擅长的操作模式,这就是他最好的模式。不是靠投资吃饭的人,最好还是守住自己的能力圈,不轻易越雷池一步。即便是吃这碗饭的人,也只是建立能力圈的能力更强,不意味着可以无视能力圈。

11. 对人的理解,是理解一切生意的根本。每个人都有自己的朋友圈,真正理解了朋友圈,也就形成了能力圈。很多人理解不了茅台,理解不了地产,也有很多人理解不了涪陵榨菜和双汇发展,这都和朋友圈有关系。

一个人的朋友圈如何,关键在于他是个什么样的人。努力让自己更加强大,世界自然会有相应的回报,先前那些强求而不得的东西,都会变成自己的影子。

12. 我的能力圈是以地产为原点的同心圆,能力圈的外扩,是从自己的现有知识体系,延伸到其他领域同样逻辑的部分,再与行业、企业的常识和特性相结合。

外扩能力圈的目的,主要是规避行业周期,这是同心圆能力圈的主要隐患。形成互补之后,重点还是要挖掘能力圈的深度。报表、研报等都是工具,重要的是要对这个生意模式有着最底层的理解。

13. 股票涨多少,和投资者赚多少,不是一回事。天天有涨停的股票,但年化收益能超过 20％的投资者就已经非常优秀了。对于一个严肃的投资人来说,别人的眼光毫无意义,自己是否满意,是否能顺利地执行自己的计划,才是最重要的。

2015 年,我身边很多朋友都在亏钱,而我的收益是翻倍的,但我自己并不满意,因为我对当年 8 月份之后的行情还是有些乐观了。2018 年,是我连续 4 年盈利后的第一个亏损年,亏了 6％,但我对此非常满意,因为该买的好股都买到了,有些比我预计的还要便宜。

14. 我开始做投资的前 7 年,一直在控制投入资金,大部分时间里股市里只有我一个月的工资那么多。直到某一天,我感觉自己对市场有了更加清晰的认识,才开始不断加仓。

做投资要知道股市是什么,要知道自己能做什么,更要知道时间是什么。有些布局是经年累月的,这是规则。很多股票我一直在盯着,建仓的契机往往都是一次较大的回调时。如果没有这种契机,我宁可错过。

15. "买股票就是买公司",这句话大家都熟悉。但 99％的人买股票的时候,都只是按照股票的逻辑在做选择。不从企业经营角度着手,再好的方法论也看不清自己选择的标的。"炒股",不仅仅是指那些被股价牵着走的人,也包括那些每天从数字到数字,却对企业经营本身知之甚少的所谓价值投资者。不懂经营,就只能把命运交给别人;不了解企业只会看着报表买入,无异于火中取栗。

蓄力才能跳得更高,好企业看的是经营节奏,短期起落并不重要。用做实业的心态炒股,很多事就简单多了。买入中国最优秀的企业,等待它们变成世界上最优秀的企业。我们有幸生在可以与巴菲特时代相媲美的中国,这个起跑线比格林厄姆还要好,这是我们最大的幸运,好好珍惜。

16. 每个企业、每个行业都有问题,如果有过度的"洁癖",干脆就不要入股市。

有时候,那些天天赚我们钱的公司,很多都是帮我们赚钱的好公司;那些每天跟我们讲价值投资的人,一直都在追涨杀跌。

17. 很多人都是嫌工作赚钱慢才来股市的,其实股市里赚钱更慢,而且大部分人都在赔钱。比起拔苗助长,春种秋收是慢的;比起一夜暴富,苦心孤诣是慢的,这世界上绝大多数胜利者都是慢慢成功的。

09

第九章

学习,永无止境

　　每个人都在学习,但不是每一种学习都有效率,也不是每一种学习都有结果。从根本上来说,投资研究的不是市场,不是企业,不是股票,而是人。我们生活中的每一个瞬间,都是在人的世界里,我们所面临的一切事物,都能映射出人的喜怒哀乐。学习,无时无刻,也永无止境。有心者,时时刻刻都在投资。

第一节　投资者,应有收益之上的追求

读过马斯克和乔布斯传记的人,会发现这两位天才都有一个共同点:绝大部分人工作是为了赚钱,而他们赚钱是为了更好地工作。对他们而言,金钱只是为实现自己的理想而必须配备的工具,这才有了特斯拉和苹果。

应该说,天才总是不好相处的,因为普通人无法理解他们的思维,当我们为特斯拉的爆发而感慨的时候,马斯克的心已经踏上了火星;当我们为诺基亚的强大而震撼之际,在乔布斯眼里那不过是一个过时的玩具,远远不能与未来的世界相匹配。

他们都成为伟大的企业家,马斯克甚至一度成为世界首富,但这只是他们前进道路上的一个台阶。普通人与他们的区别在于,我们努力想登上那个台阶,而他们看到的却是台阶后的那扇门。

大多数企业家都缺少这种精神,把自己的理想高度停留在金钱本身。作为投资者,我们更应该珍惜那些充满理想的稀有企业,买入那些一直在追寻利润之上目标的公司,这是我们超越自己的最佳途径。我们也许注定平凡,无法成为马斯克和乔布斯那样的伟大人物,但我们有机会成为伟大的一部分,这样的机会一直都在。

回首过去,投资者经常感慨错过了很多牛股。其实千里马一直都有,只看你是不是伯乐；而要成为伯乐，首先需要的是正心诚意。我一直都特别厌恶一种人，他们动辄就辱骂自己所持有的股票，对于这种人我有着发自内心深处的厌恶，就像看到了一个抛妻弃子的丈夫。世界是公平的，如果一个人对自己的股票连最基本的尊重都没有，股票也不会给他任何尊重。

你爱你的股票吗？

你爱你买入的企业吗？

你爱这个企业的产品吗？

你愿意与一只股票同甘共苦吗？

如果你是个浪子，就不要期望别人的忠贞！

一个剑客会诚于自己的剑，一个歌者会诚于自己的歌，一个文人会诚于自己的文字，一个投资者怎能不诚于自己的投资！

股票是有生命的，有性格，有爱憎，有价值观。郎才女貌只是一见钟情的必要条件，但不是天长地久的充分条件。当我们的眼里只有股价的时候，就已经是在舍本逐末。过分地在意得失，往往意味着会因为某种必然的误解，而放弃美好的未来。表面的爱可以欺骗世界，却无法面对自己。当"黑天鹅"出现，当千股跌停不断迭代，当巴菲特都没见过的"熔断"天天上演，连自己都可以麻醉的虚情假意，在这个时候却是不堪一击。

我们生活在一个伟大的时代，是千百年后还会在史书上留下厚厚记录的时代。不为金钱而止步，不为小利而违心，想起那些消逝在时代尘埃中的天才们，我们如此幸运，更应好好珍惜。外其身而身存，当你的目光超越股票本身的时候，世界将豁然开朗，而收益也会在不经意间，出现在你的身边。

第二节 一个"70后"的自我学习之路

"70后",在自己生活环境的切换速度上,可谓是最快的一代。上一代人贫困的日子经历了太久,之后的孩子物质生活越来越丰富,都没有"70后"那么多的反差和迭代。这一代人出生的时候,物质还是很匮乏的,但没有像父辈那样经历过饥饿的残忍,更没有像祖辈那样饱受战争的洗礼。但如今的孩子们习以为常的食品、玩具和衣服,在当年都是没人会奢望的东西,因为大家根本就没听说过。

我在上学之前,印象中自己一直是被散养的,幼儿园都是自己去,每天走十几分钟的路,对四五岁的孩子来说,算是很长了。虽然没有精致的玩具,但孩子们的快乐依然容易实现。水塘、树叶、野草、泥巴、冰雪都是最好的玩具,最重要的是,别的孩子手里也一样都是这些天然制品。

除了课本以外,最早的学习途径并不是读书,因为除了极少的几份报纸和杂志外,谁家里也没有几本书。那时候,电视机刚刚进入普通家庭,但也是某个相对富裕的家里才会有这种稀罕物。傍晚时候,各家孩子都会自觉地搬着板凳跑到有电视的人家,自觉排成了观众席。

那时候最受欢迎的是动画片和港剧。我们在动画片里展开了无限幻想,在港剧里发现,原来世界上还有这么多好吃、好玩的东西。那里的世界有各种颜色,尽管我们看的都是黑白电视。直到现在,粤语歌曲对我都有极深的影响。

上学识字后,我对阅读的渴望只能用如饥似渴来形容,那时的书很少,"饥不择食"之际,连掉在地上的报纸碎片都能蹲在那读上半天。后来街边出现了一种小书摊,花上几分钱便可以坐在那里把一本连环画读完。可那时的我口袋里空空如也,只能厚着脸皮躲在人家后面,偷偷地看上两眼。当对方的白眼飘来之时，我便赶紧转移视线，装出一副无辜的样子。

又过了几年，我的家里环境好了一点，偶尔会有几分零花钱。但对一个嘴馋的孩子来说，站在雪糕车旁，到底是用这钱买雪糕，还是用来读连环画，成了难以抉择的问题。最终，天生善于估值的我做出了一个伟大的决定：雪糕吃完就什么都没了，但书读完还可以反复回味。从此之后，我见了雪糕车总是躲得远远的。

年龄渐长，连环画已经满足不了我的需求，我就开始读书摊上的小说。那里的小说基本上只有两种，一种是言情类的小说，另一种是武侠小说。卿卿我我对一个10岁的孩子来说是无聊的，于是我所有的钱都花在了武侠小说上。大侠们的世界永远会让一个孩子充满憧憬，但我总觉得少了些什么，世界上应该还有很多其他东西，只是我从来没有听说过。直到上了高中，我的生活半径扩大了很多，才开始拥有了自己的图书馆借书证。那时候，我的课下时间都在一本本真正的书里悄然流逝。

高中三年，我读的书很杂。一段时间里，我几乎是在报复性阅读。不管什么类别的书，只要是自己听说过名字的，都要借回来看看再说。小说、诗歌、散文、历史、哲学、心理学、人物传记等，都是我经常借阅的，里面有很多东西读不懂，但读过了就感到充实。那种饿了很久的肚子终于吃饱的感觉，现在只在选某只股票上会体现了。

上了大学，来到北京，我眼前完全是另一个天地了。除了有更多经典著作可以阅读外，学校周边有很多播放美国电影的录像厅。与港片相比，好莱坞大片的精良制作和艺术价值，都胜出太多，这样看美国大片就占用了很多读书时间。那一个个电影，让我很多思想和现实结合了起来：世界是真实存在的。

更难得的是，学校里经常会请到很多知名人士来讲座，我在那里亲眼见到了余华、陈鼓应、戚务生、牛群、张路等平时只能在电视里见到的人物。和西川一起纪念过海子和骆一禾，并在那个纪念仪式上听到了顾城的消息。遗憾的是，金庸先生来讲座的时候我没在现场，因为没有提前到场，几百人的大教室都挤满了，连门外的走廊里都站满了人。见贤思齐是少年心志，在大学里见过的很多人，可能是我毕生都难以企及的。但他们给了我希望，让我看到了不一样的人生，这是我源源不尽的前行动力。

我是学国际经济的，但当时我对经济类工作并不喜欢。毕业后，我没有继续从事和原来专业相关的工作，而是来到了大连，一切从头开始。我对大海的憧憬终于变成了现实，但另一个现实则是：在读了十几年书之后，该明确自己的人生方向了。

每个年轻人的心里都有一个梦，但回归现实的时候，很多人都找不到那个让梦落脚的地方。我是幸运的，尽管当初进入地产行业的时候，我还不知道这个行业未来要经历怎样的高速发展，会引起多么大的社会争议。

20 世纪 90 年代的地产和现在比起来，完全是两回事，那时候就是简单地盖盖房子，然后打打广告。很长一段时间里，地产营销就是广告营销，把广告做好就是把营销做好了。当时的广告以平面为主，可从小到大，我就没上过几节美术课。

动手能力不行，就尽量提升自己的鉴赏力。我读了很多画家的传记，最喜欢的是欧文斯通的《渴望生活·梵高传》和《毕沙罗传》。更直接的方式，则是学习那些优秀的作品。当时国内地产广告做得最好的公司大部分都是在北京，发布地产广告最多的媒体是《北京青年报》。《北京青年报》每周都有一天，拿出几十个版面集中发布地产广告，这一天的报纸是我必买的，我会把好的设计和文案直接剪下来，整理成册，反复研究。

这种提升开始还算快，但时间久了，我觉得自己还是知其然不知其所以然。于是阔别多年以后，我又回到了北京。我把多年看北京青年报广告的经验拿了出来，筛出一系列公司，挨个打电话求职。在一年多的时间里，我服务了三家公司，经历了三个不同的流派。有很多东西在当时消化不了就攒起来，像骆驼一样，等需要的时候再释放能量。

但最终，我还是更喜欢那个有海的地方。大连，大是大海的大，连是山海相连。原谅我这一生不羁放纵爱自由，我再次离开了北京，这次终于有了一种艺成下山的感觉。

回到大连之后，我把在广告中所学到的东西，和地产实践结合起来，针对大连楼市的特点，建立了全新的策划体系和市场研究体系。这在当时属于降维打击，随着一个又一个项目不断取得成功，我自己也觉得把握了地产营销的关键所在，并不断在各种场合和媒体发布自己的研究成果，有了很高的成就感。

但 2008 年那一轮危机，摧毁了这一切。看着一个个项目颗粒无收，看着身边的同事流着眼泪离开，那种心痛我至今记忆如新。更可怕的是那种无力感，这种事远远超出了我个人的理解范畴。

为了理解金融危机是怎么产生的，我在 2008 年正式开始了投资生涯，但刚入市时做的不是股票，而是黄金。2007 年，我受身边朋友的带动，开始关心股票，但当时的股市已经太过火热，我这个场外人明显感觉有些问题，就开了一个黄金账户。

那时候，我对投资完全不懂，一边学习一边操作，也不敢往账户里投太多钱。我入市的时候正赶上黄金市场的高点，买入后没过几天就一路下跌，虽然仓里的钱不多，但心里终归不太舒服；但由此带来的收获也是非常大的，几个月之后，我基本上明白了这次金融危机的根源所在，也明白了投资的诸多逻辑。亏掉的钱用来当学费，自己感觉还是很值的。

2009 年，我正式开通了股票账户，之后就基本上没做过黄金交易。黄金的实质就是美元的镜像工具，其内在价值远远抵不上它的市场价格。而股票则不同，企业是能创造价值的，这不是一个零和游戏。从这个角度来看，我在还不懂价值投资的时候，就已经是一个价值投资者了。

我买入的第一只股票就是万科，这是对我从事过的行业领袖的尊重。除此之外,我的持仓股大多都是自己熟悉的银行、地产、家电、白酒等行业。在我听说"能力圈"这个词之前,就已经坚守在自己的能力圈内。

在我刚进入股市的时候,也是一个历史性的高点,之后便是一个长达5年的下跌。我仓里的投入一直不多,我很清楚,这是交学费的过程,少一点就省一点。10多年后,我反思自己的投资经历时,真的很庆幸能在熊市开始投资,艰苦是最好的成长环境,它逼迫我们不断地学习,不断地直面自己。经历了这种铁与血的考验,我才能在2015年股灾、2016年A股熔断和2020年美股熔断中,保持了清醒的认识。

我最开始做投资的时候,只是想明白世界到底发生了什么。可学费交得多了,才发觉自己竟然爱上了这个行当。过去的10年,我工作以外的时间,大部分都是在学习股市、学习企业、学习股票。我上大学的时候,厌倦的经济学、金融学课本,20年后却一本一本地捡了回来,这真是命运使然。

2018年底,我正式开始做职业投资后,拥有了梦寐以求的自由时间,阅读、调研、寻师访友比以前方便得多,对投资的理解也有了很大变化。如果说过去那些年对我影响较大的人,是彼得林奇、巴菲特、索罗斯和芒格,而现在指引我的则是老子。

道家追求的是无为,是道法自然,我投资做了这么长时间后,越来越感觉这是一件自己和自己战斗的事情。患得患失,皆源己心;恐惧贪婪,为而不争。

入乎其内,也要出乎其外。近两年,我开始不断尝试新的成长方式。2018年开始,我先后发了300多篇长文,雪球的阅读量超过了3亿。相比阅读,写作是一个更好地整理自己思维的方式,那些在阅读时可以跳过去的思维空白,写作的时候就必须要去面对。300多篇文章的背后,是不断夯实自己思想盲点的过程。它给我的心得是:写一万字胜过阅读百万字!

2020年,我开始尝试视频直播。如果说写作是最好的自我提升方式,那么直播就是在一个群体环境中帮助自己成长的过程。有很多思路,我是在直播的时候得到了融会贯通，我每次说"谢谢大家"的时候，都是由衷的。

2020 年底，我在快手上又做了新的尝试。计划先做成"股票小课""地产小课""调研现场""市场真相"等几个系列，希望能有新的收获。

经历过寒冬，才懂得温暖的可贵。作为一个爱学习的"70 后"，我这一路虽然辛苦，但那种每天都是上升期的感觉，就是幸福。我们生在了一个伟大的时代，"70 后"是有和没有的问题，"85 后"是好和更好的问题，"00 后"则已经把好当成了一种习惯。在民族的伟大复兴中，我们每个个体都是幸运的。股票投资要做的事很简单：买入中国最优秀的企业，等待它们成为世界上最优秀的企业。

好好珍惜，我们生活在一个比巴菲特更幸运的时代！

第三节　原谅我这一生不羁放纵爱自由

歌手黄家驹这个人对我而言，早已超越了歌手的界限。1991 年，我第一次在电视里看到 Beyond 的时候，根本不知道谁是黄家驹。他们用不太熟练的普通语唱着那首《你知道我的迷惘》，我感到自己身体的一部分被唤醒了，那首 MTV 我只看过一遍，但在 28 年后我依然清晰地记得，四个年轻人轻轻松松地走远，他们的背影就是我幻想的那个世界。

唯能极于情，故能极于剑。我一直以为在经过了基本的知识积累后，对人的理解才是投资的关键，不管是对产品受众还是投资人。最能体现人心理的是艺术，而各种艺术中最能直接传递人之情感的就是音乐。

黄家驹的音乐中,有《遥望》《情人》《喜欢你》这样的柔情似水,也有《不可一世》《长城》《我是愤怒》这样的狂放不羁,但贯穿始终的是那份坚毅与热爱,而我则能在他任何一个音符中都听到两个字——"理想"。

每个人的一生都会以离世为终点,如果用结果来做评判,那这个世界永远都只能存在于悲剧中。然而,有了"理想"二字,有些悲剧就会变得与众不同。

我们总有自己不愿意去做的事情,就像总要经历 2008 年或者 2018 年这样的大熊市,正是这样的惨痛才给了我们 2009 年或者 2019 年这样的历史性机遇。1993 年上半年的黄家驹,不管是在演唱会现场还是 MTV 中,他的神情已经与往日大相径庭,满脸的沧桑和倦意,那种忧郁让人心疼。但也正是有了如此心境,才会有《海阔天空》这样的优秀作品吧。

有些歌我虽然欣赏,但一直没有在心底的最深处感受到如《曾是拥有》《谁伴我闯荡》那般的震撼,尽管它们依然是优秀的作品,甚至流传度更高。

直到 2016 年初,我来到了南非。站在纳尔逊·曼德拉巨大的塑像前,我反复思考着这位世纪伟人到底是做了一件改变人类命运的丰功伟绩,还是让这个国家由此走向衰退的时候,一句歌词忽然涌入我的脑海——"缤纷色彩闪出的美丽,是因它没有分开每种色彩"。在《光辉岁月》里,最经典的无疑是"迎接光辉岁月,风雨中抱紧自由。一生经过彷徨的挣扎,自信可改变未来?"而此时,那种激昂与励志反而退隐其后,我眼前真正看到的只有两个字——"不分"。

不分肤色的界限,不分你我高低,不分涨与跌,不分牛和熊。我们的种种痛苦归根结底都源于一个"分"字,有喜就有悲,有成就有败;不分成与败,何来喜与悲。很长一段时间里,我的投资座右铭是"盘外无物",自南非之行以后,我才真正感悟到何为"无物"。很多事情,再怎么淡化也只是或多或少,真正的"无"只能源自从来"不分"。

黄家驹所有的歌词中,最受人喜欢的应该是那句"原谅我这一生不羁放纵爱自由"。在他的作品里,"自由"始终是唯一可以与"理想"并立的词汇,远超过"光辉岁月"甚至是"喜欢你"。谁不想拥有一颗自由的心灵呢！即便这需要很多人的原谅。年轻时我以为自由是"想做什么就做什么"，后来才明白自由是"想不做什么就可以不做什么"，而现在对自由的理解则是"该做什么就做什么"。

投资是大道，很多人给自己定了很多戒律，可带着捆绑前行必然一路坎坷。"不羁放纵"并不适合每一个人，但如果你在股市里已经全心投入了 10 年之久，还不能"自由自我"并"高唱我歌"的话，也许你真的是辜负了自己。自由是崇高的，唯一能让黄家驹放弃"自由"的，仍然只有"理想"。也许，自由只是通往理想的早班火车吧。

我用了 10 年才明白，投资是感性的。如同"朱酒"这个名字，酣畅淋漓的酒神精神才是我真正喜欢的投资方式，那里面有音乐、有自由，还有理想。

第四节　唯能极于情，故能极于剑

"唯能极于情，故能极于剑！"这句话出自黄易先生，用在黄家驹身上，也非常贴切。两位黄先生都已经破碎虚空，黄易先生著作等身，而黄家驹先生英年早逝，不知道还有多少经典随他而去了。

我喜欢那些用情至极的文字，有些并不华丽，反而更是难忘。现在做投资，满眼的数字和逻辑，仿佛无趣，但一样透着个"情"字。历史是会重复的，只是不一定相同，在不同的时空、不同的事物上，那种重复会不断显现，只是经常无人辨识。

有很多东西，无情就永远不会触及。

我曾提及过,"不分你我高低"的"不分"让我有过多么透彻的领悟。其实,另外一句"哪里哪天不再听到在呼号的人",给我的震撼才是最大的。人的高度,就是心的高度。承载了世界,世界就会让你站在高处,视线会和光一起,穿越整个世间。

投资是一条孤寂的路,不管有多少伙伴和亲人,能够帮你承受的仍然只是自己。"哪会怕有一天只你共我",其实这个"你"也是我。举杯邀明月,对影成三人。没有情,就不会有热爱;这条路通往财富,但要走到目的地,依托的仍然是情。

一个投资人的一天,可能就是一个世纪的变迁。生活在剑刃上,却总是引而不发。豪情万丈,也不过微微一笑。"问苍天可会知心里的感觉",可天地不仁,以万物为刍狗。情无处可着,方是忘情的起点;而忘情之后,剑便有了极致。

极于情也好,极于剑也好,都是一瞬间的事。"风雨中抱紧自由",自由也只能属于那一瞬的风雨。市场一直都是错的,只会偶尔平衡,那一剑,需要忘情之后。

第五节 《海上钢琴师》和守住能力圈

一个周末,我带着曾学过三年钢琴的孩子,去看电影《海上钢琴师》。电影的主人翁1900,在出生后就被人遗弃在船上,他终生未下船一步。他未曾有过真正的师傅,却击败了爵士乐鼻祖。唯能极于情,故能极于剑。他唯一的一次和所有人道别,准备下船,却还是回到了船上,因为他看不到陆地的尽头。

船就是 1900 的能力圈，一生都未逾越，在这里他成为天才之上的存在。但每一天的船都是不一样的，不一样的海，不一样的船客，不一样的自己。

紧守自己的能力圈，并不意味着紧守的是自己 10 年前的那个能力圈。世界每天都不一样，10 年前的手机、10 年前的地产、10 年前的银行、10 年前的中国，10 年已经跨过了不止一个时代。

有些人守着能力圈，是溶于能力圈之内，能力圈的发展扩大、加深加厚，他都能同生共长，最后他会长成能力圈的样子；而有些人守着的能力圈，却把自己当成一个模具，不管能力圈演变成什么规模和形状，最后留给他的都是他自己的样子。

世界是公平的，你想要成为什么，就会给你什么。

投资感悟碎片之学习篇

1. 投资的根本性问题都在人的世界观上。世界观清楚了，很多所谓的痛苦就不是痛苦了。投资如果只是为了赚钱，那就是在暴殄天物。

热爱是至关重要的，热爱投资多于赚钱，赚钱就不会难；热爱赚钱多于投资，一路就会很艰险。投资是可以不用考虑退休的创业，只要热爱，永远在线。

2. 每个人都是不一样的，世界因此而精彩。有些人只会用看自己的眼光来看待别人，这也是可以理解的。但天空比井口大得多，别总怀疑自己不了解的事情。投资从来就是自己和自己的事，没有信念，就没有投资。知人者智，自知者明，做投资可以少智，但不能无明。

想要一件好东西,最重要的是看自己的努力配不配得上。热爱是比欲望更强大的动力,欲望要到实现时才算成功,而热爱从开始的瞬间就已经是胜利。所有的努力,都会因热爱而变得激动人心。

3. 对凡人来说,一些所谓的"天机",知道了也没用,甚至可能会因此遭遇更大的损失。春种秋收,该浇水浇水,该施肥施肥,赚明白而又稳定的钱,这是散户最好的投资模式。时间越长,聪明选择的回报就越大。在这个"透明"的时代,能占的便宜越来越少,把自己交给时间,让时间去赚钱,这是确定性最好的投资。

一个人要改变自己的命运,就要找到一个可信赖的事物,全身心地付出,诚于人诚于己,它会帮你逆天改命。但这个可信赖的事物,要和自己的天赋相匹配,一味强求也会徒劳无功。这种平衡感,正是投资的难处所在。

4. 心中时时刻刻念着投资,看到的事物处处就都是投资。我在投资中的开窍,源于彼得·林奇,他让我深受启发和鼓舞。理解了生活,也就理解了投资。我自己的能力圈,就是以地产为原点,向外不断扩展到银行、保险、家电、白酒等。超出我生活经验之外的东西,我并不追求,那种缺少感性认知的理解,在非常时期往往并不可靠。

实际上,能把自己的生活经验贯穿到投资中,就足够我们取得长期稳定的正收益了。如果确实觉得一些事物代表着未来,我至少会用 3 年以上的时间去学习和观察,建立起足够的安全边际后才会买入。拓展能力圈是一件很难的事情,但并不比贸然买入后的亏损更让人难过。

5. 我读了 30 年《老子》,每次打开书的时候,即便看到的是同一句话,感受都会不一样。我十几岁的时候,看到的是玄奥;二十几岁的时候,看到的哲理;三十几岁的时候,看到的是智慧;如今看到的,是人生。我不知道以后再看,能看到什么。这 5 000 字,我至今也没看清轮廓。

我个人的读书风格,不是太在意作者想告诉我什么,而是更留意自己读到书中文字后,会有什么感受。也许这个感受已经偏离了作者的意图,但对我却是最有价值的。这个读书方式用在读《老子》上,最合适不过,因为我没有能力理解到这无上智慧,能借此读懂自己也算大有收获。这只是我个人的读书方式,不见得对大家有用,每个人都找到自己的读书方式才好。人读书,不是书读人。

6. 我一向不喜欢写讨喜的文字,也不喜欢重复别人的观点。投资是直面自己内心的,秉承自己的认知,竭尽自己所能,赚自己配得上的钱,足矣。地产的轰轰烈烈我喜欢,投资的平淡如水我也喜欢,把这份经验分享出来,大家一起珍惜这难得的盛世,这也是我喜欢做的事。

我每天所写的文章,实际上都是投资日记,是自己的真实感悟。写作是直面自己的最好方式。在对投资人思维和心性的提升上,写作远胜阅读。阅读是停留在眼前的,思考是停留在心间的,而写出来的文字就有其自身的生命了。分享的过程,也是强化自己理解层次的过程。

7. 投资原本就是我生活的一部分。在我的投资生涯中,彼得林奇对我的影响一直很大,直至如今。

我从来不关心什么钱没赚到,只关心什么钱能赚得到。不断提升自己的思想和眼界,生活就会不断告诉你该赚的钱在哪里。天不负人,唯人负己。

8. 投资重要的是要真正理解股市导向,理解行业和企业的价值,而不仅仅是用 ROE 或者 PE、PB 去做加减乘除,更不是看着股价涨跌就以为这个世界变了。

一个人知道自己需要什么,就知道自己还差多远。唯能极于情,故能极于剑! 看遍了人生,也就看懂了生意。

9. 电影《精武英雄》里有一句话"练武的目标,是要将人的体能推到最高的极限,如果你想达到这种境界,就必须要了解宇宙苍生。"

练拳不练功,老来一场空,投资也是如此。我们研究股票,实质上是在研究企业;研究企业,实质上是在研究人。不懂人,就看不清这个世界;看不清这个世界,就看不清企业的未来;看不清未来的企业,你怎么去做它的估值?!

10. 努力做好自己当前的工作,哪怕你明天就要从这里辞职。我对股市的很多理解,都不是来自书籍或者名人语录,而是过去 20 多年一直付出的努力工作。这些付出不仅仅会为你带来金钱,那些阅历、经验、成功和失败,都是日后的无价之宝。

年轻人刚入市时别急着赚钱,这个市场上 90% 的人是赚不到钱的。心中应有个"畏"字,先拿出几年的时间用心学习,学到了钱自然也就到了。

11. 路是自己走的,每天都有机会,关键是你愿意走哪条。我毕业两年后开始做总监,当时都是把自己的订单分给员工做,收益也都归他们。20 多年来,我做任何事从来没把钱放在第一位,反复强化的都是自身的学识和能力,即便现在做职业投资也是如此。

人生是一个真正的长线,赚钱的事不必着急,提升自己才是刻不容缓。水到渠成,人的境界到了,赚钱只是小事。

12. 我们能看到有些人,一年时间便可以写出一二百篇文章,里面跨越数十个行业,涉及上百个企业,似乎无所不知。但仔细品味,其观点、数据和逻辑思维往往都流于表面,靠它普及点基础知识还可以,真正的投资价值并不大。

13. 学者生,似者死,投资是很个人的事,最重要的是形成自己的风格。个人投资者,没有精力去做太大范围的深入研究,还是要根据自己所长,找到一个原点,然后再逐层推进能力圈比较好,最后形成的是一个同心圆。那种不断创造平行能力圈的做法,更适合人力、财力比较充足的大机构,这不是散户的强项。

如果是全仓,10 只股票涨 20% 和 5 只股票涨 20% 的收益是一样的。在一定的分散之后,更多品种的持仓标的并不一定意味着更多的收益机会,有时候也有可能因为精力分散,而出现更多的疏漏。

14. 好公司是不需要看年报就知道的,看年报只是知道它到底有多好。至于提高看年报的能力,可以多读读康美、康得新、乐视网的年报,都是教科书级别的,一字千金。我们躲不过雷,但良好的习惯,至少可以让自己少受损失。

在野蛮生长的年代，优秀企业与劣质企业之间的差距不会太大，但越来越规范之后，二元化就会越来越明显。不破不立，"面子"上的事少了，股市才会少出现本末倒置的事情。股市上从来就不缺资金，缺的是让资金愿意买入的好股票。而金子的出现，首先得淘尽黄沙。

15. 对于一家企业，我们看到 10 年后真正有效的可能只有 3 年；我们看到 3 年后真正有效的可能只有 3 个月。作为一个散户，掌握到的信息、看到的数据和产品都缺少时效性和准确性，多考虑大逻辑、少预测细节更适合一些。很多时候，在能力不足的前提下研究得越细，反而会离真相越远，这和散户要减少操作是一个性质。

16. 物理、化学是没有国界的，哲学却是文化的产物，有着深刻的国家烙印。股市所体现的规律，是经济与文化的交融，茅台不会出现在美国，伯克希尔哈撒韦也很难短期内在中国再现。

17. 大师的模式有时并不复杂，但散户真的学不了。巴菲特要了解一个企业可以直接召见这个企业的董事长，格雷厄姆要分红可以直接把企业买下来，段永平买苹果的时候已经拥有两个世界级手机品牌了。我们还是老老实实赚自己能赚的钱吧，大多数企业都是"撑死"的，投资者也是如此。

我一直希望能完善出一个适合个人投资者的体系，市场上绝大多数理论都是机构的经验体现，是我们学习的方向。但在能力、资金、数据、资讯等方面，个人投资者都相差太多，对有些理论直接应用，反而会成为邯郸学步。

投资是很个性化的事，我一向都把自己最好的东西呈现出来，但对大多数人来说这并不一定适用，每个人都得自己去找到自己的存在。世界上任何一个结论，都是幸存者偏差的结果，找到对自己有益的启示，才是最大的收获。

18. 我新投一个行业，至少要先研究两三年，然后进行模拟交易，再实盘轻仓买入，差不多都是跟踪过 3 年以上的才敢重仓。买入后，如果基本面没有出现特别大的变化，一般至少会持有 3 年以上，中间翻倍和腰斩都不会影响目标。

个人投资者在资讯上的绝对弱势,决定了做短线永远只能"喝汤",有时候还要为了这"点汤"付出惨痛代价。在价格合适的时候买入好企业,然后和它一起成长,这个道理很简单,但愿意用这种笨方法赚钱的人确实很少。

有人问什么是好企业,你愿意用3年时间去研究它,买入后3年不准备卖出的企业,基本都是不会太差的企业。有趣的是,当你看到了低价优质的公司,开始欣喜若狂的时候,就是被人嘲笑最多的时候。

10

第十章

企业分析案例

　　企业的存在,是社会进化的重要特征。投资的实质,就是和企业一起成长。当我们面临种种艰险,面临着市场上难以明辨的意外情景时,如果持有的不是自己信赖的企业,就将如临深渊。而每一次感到自己渺小的时候,我都坚信伟大的企业会带领我走出困局,找到这样的企业并长期拥有,这就是投资。

第一节　腾讯控股

腾讯控股是中国上市公司中市值最高的企业,旗下的产品从 QQ 到微信,在过去 20 多年的时间里,一直都是中国人使用最多的互联网产品。腾讯控股的股票也连续十几年保持了较高的回报率。但很多人看到其数万亿的市值,就会怀疑未来的腾讯是否还能保持过往的增速。我们分析企业,看的是其经营和迭代能力,如果单凭市值来判断成长空间,那就要错过很多大牛股了,苹果、谷歌、微软这些耳熟能详的名字都是例证。

1. 有只大象正在飞

腾讯控股在 2020 年报中,营业收入从 2019 年的 3 772 亿元增长到 4 820 亿元,归母净利润(归属于母公司所有者的净利润)从 933 亿元增长到 1 598 亿元。在股市上,大家都在说大象起舞,这不是起舞,简直就是起飞!

2020 年是个特殊的时期,尤其是前几个月,线下业务为主的企业业绩严重下滑;但线上业务为主,或者是连接线上和线下业务为主的企业,却迎来了难得的发展机遇。腾讯这样的超级巨头,有这样的大幅度增长也是顺理成章的事。

我们看企业,当期的报表只能体现过去的经营表现,从报表中看出的业务发展趋向,才是未来的业绩指引。从时间节点来看,腾讯 2020 年下半年的业绩增速(不考虑公允价值变动部分)基本保持了原有节奏,这也说明其业绩是有可持续性的。

有理由相信已经形成了超级产业链条的腾讯，真正做到了可以穿越周期。尽管期间也会有起落，但其成长的大格局至少数年内不会变化。事实上，我们也看不到有企业具有严重威胁腾讯现有业务的潜力。

腾讯从创立伊始，一直有着一个超级无敌的强大内核，在 PC 时代是 QQ，在移动互联时代是微信。对于很多人来说，不购物就可以远离淘宝，不娱乐就可以远离字节跳动，但一整天都可以不打开微信的人如今是少之又少了。未来，即便是腾讯，要想做出取代微信的产品都很难。就算以后可穿戴设备取代了手机，十几亿人的朋友圈也是很难完美复制的，微信仍然会以新的形式出现在新的产品上。当然微信早晚会过时，但在可以预期的时间周期里我们还看不到竞争者，这对投资腾讯来说，理由足够了。

腾讯在不断巩固这个超级内核的同时，也在逐步进行开放，同时选择性收购优秀企业的股权，这是任何公司都难以做到的。大家看到美团、京东、拼多多这些顶级企业中有腾讯控股的大量股权，认为腾讯的投资眼光好，其实有些企业在腾讯入股的时候，成长趋势就已经很明显了，各界资本都是争相跟投。

能从微信或者腾讯庞大的流量体系中形成有效对接，任何一家企业都会怦然心动。何况腾讯的战略投资口碑也确实广为传颂，敢做二股东，只支持不指手画脚，这也是那些创业天才们非常看重的。没有几家公司，能像腾讯一样把财务投资与经营互利结合得如此完美。腾讯系的大多数企业，都在 QQ 或者微信上受益良多，形成了强大的生态体系。这个阵营仍在不断壮大，既能影响市场，又不至于因为高度垄断而引发太多争议，这确实是腾讯的高明所在。

我在去华兴资本调研时，包凡先生曾说，一级市场的投资，最重要的是"看得准，搞得定"。过去这些年里，腾讯投资的收益有两三千亿美元之多，是国内各企业之首。"看得准"的企业很多，而腾讯"搞得定"的能力，也无出其右者。投资收益对有些企业来说是偶得，对腾讯来说是必然。

2020 年 10 月，我到腾讯总部进行拜访。其间请教了一位接待的高层管理者一个问题:"微信会被什么产品取代?"他反问道:"在微信之前,谁知道是什么来超越 QQ 吗?"时代是不断向前发展的,不确定因素肯定有,但大概率会越来越好。我们在微信之前不知道谁能超越 QQ,但腾讯超越自己的概率仍然是最大的。

微信在早期应用的时候,是与移动 QQ 并行的,直接借力倒不是太多,腾讯品牌和大数据的推动作用更大一些。

2020 年,微信的用户数量为 12.25 亿元,同比增长了 5.2%。从国内的人口总数来看,向上的空间确实不大,其关键在于挖掘深度。2020 年,微信小程序继续扩大影响力,我们日常所使用的 App 大部分都可以直接在小程序里使用。2020 年视频号和微信搜索的进步也是明显的,在 2021 年数据会有直接体现。

金融科技领域,是腾讯近几年成长较快的板块。但实际上,近几年腾讯的步伐一直很慢,很多可以赚的钱一直没赚,腾讯希望自己能"活"得长,而不是短时间的耀眼。明白这个道理,就可以期待金融科技稳定但很坚定的步伐,能走得更远了。

慢,却总是先到,这就是腾讯的风格!

2. 从 C 到 B 的距离

腾讯的产品我使用 20 年了,从 QQ 到微信,包括腾讯视频、QQ 音乐等都是使用频率很高的产品。可以说,对很多人来说,那只小企鹅就像是陪他们从小一起成长的伙伴,时刻都离不开。

从 QQ 诞生的那天开始,腾讯就被深深地打上了"to C"(用户)的印记。我们习惯用 QQ 和微信聊天,习惯用腾讯视频追电视剧,用 QQ 音乐听歌,去玩腾讯的各种大小游戏。某种程度上,腾讯对大多数人来说是一个个人属性很强的品牌,甚至有着浓郁的娱乐味道。所以,在 2018 年 9 月 30 日,腾讯宣布进行战略升级,全面发展 to B(企业)和 to G(政府)业务的时候,很多人是有些担心的。

腾讯过往的成功基本都集中在 C 端,在 B 与 G 的领域里,似乎没有那么多的基因。

但基因是什么?是对过往成功路径的一种依赖。在做 QQ 之前,腾讯有什么样的基因?在做第一款游戏之前,腾讯又是什么样的基因?至少在 to B 的领域里,腾讯还是有积累的:网络广告的业务一直都不少,广告是要与企业进行沟通的,当然是 to B。

腾讯想要做的,当然远远不止广告的范畴。借助腾讯云,腾讯的 to B 业务已经在医疗、教育、出行、制造、智慧城市、智慧零售等领域取得了不断的突破。2020 年初,疫情肆虐的时候,各地纷纷推出了健康码,对防疫工作提供了很大的支持。

通过与政府合作,腾讯助力推动有关部门将全国所有健康码的底层数据做了打通,打造出国家政务服务平台的健康码,对防疫工作的顺利进行,做出了重要贡献。

不仅如此,在疫情最严重的时候,很多企业无法按时复工,一款爆品横空出世,不仅让企业的远程办公更加顺畅,也让全国孩子的线上教育变得更加便捷,这就是腾讯会议。

腾讯会议是涉及音视频的非常复杂的产品,原本在新推出市场后可以慢慢迭代,但疫情导致的线上需求迅猛增长,在非常短的时间内,对产品提出了不断增加的要求。腾讯经受住了考验,100 天内更新迭代了 20 多个版本,并以完全免费的方式,为疫情后的迅速复产、复工做出了坚实保障。

之后,腾讯会议很快在海外 100 多个国家完成了布局,并且紧急研发上线国际版应用 VooV Meeting,为全球超过 100 个国家和地区提供在线会议能力。之后联合国宣布腾讯公司成为其全球合作伙伴,为联合国成立 75 周年提供全面技术方案。其中腾讯会议、企业微信为这场有史以来最大规模的全球对话,提供了远程会议服务,在线举办数千场会议活动。可以说,腾讯会议仅仅用了几个月,便奠定了自己在远程会议上的优势地位。对很多企业来说,其价值并不亚于微信。随着腾讯会议的不断升级,其产品的价值会体现得更加明显,腾讯可以把腾讯会议做成一个对 B 端的入口,在提升企业运营效率的同时,进行更多的增值服务。

整体而言,腾讯在 B 端的发力,比市场期望中的进展速度更加明显。B 与 C 之间,并没有不可跨越的鸿沟,再宏大的 B 端,也是由一个又一个 C 端组成的,所有的先进科技,最后还是要落在人的身上。

两翼齐飞,互相促进!B 与 C 完全可以有机融合,打造出很多 B to C to B 或者 C to B to C 的产品和应用。

3. 腾讯大股东减持,危机还是机会

2021 年 4 月 7 日傍晚,传来重磅新闻,腾讯大股东又减持了!

据报道:"腾讯大股东 Prosus 将通过配股出售至多 2%,腾讯持股比例从 30.9% 下降至 28.9%。计划出售股票至多为 191 890 000 股,按腾讯今日收盘价 629.5 港元计算,市值为 1 208 亿港元。"

"Prosus 承诺至少在未来三年内不再出售任何腾讯控股股票。Prosus 表示,腾讯是全球最具成长性的企业之一。自 2004 年上市以来该公司一直在创造价值。Prosus 对腾讯的承诺依然坚定,通过出售这一小部分股权,为核心业务线和新兴部门的持续增长提供资金,增加公司财务灵活性。

腾讯大股东 Prosus 2018 年 3 月减持过一次,并曾经承诺 3 年不减持。目前 3 年期满,数据显示他们将 2 亿股左右的腾讯控股股票移仓到了摩根士丹利账户。有市场分析认为,转移到摩根士丹利账户的目的,是寻找买家,类似 A 股的大宗交易,不用在二级市场抛售,不会冲击市场。

Prosus 上一次减持是在 2018 年 3 月 23 日,减持股份数量约 1.9 亿股,套现 700 多亿港币,持股比例从 33.2% 降到了 31.2%。当天腾讯控股成交额为 1 280

亿元,股价下跌了 4.42%。之后的 8 个月中,腾讯控股的股价从 3 月份最高的 472 港币跌到了 250 港币,当然这么大的跌幅是与 2018 年整体市场环境有关的。

大股东减持,从哪个角度来说都不是好事,但 3 年前 Prosus 减持的价格是 400 多港币,如今腾讯控股的股价已经上升到 629 港币,3 年时间上涨了 50% 左右。同期的恒生指数则下跌了 6%,腾讯控股是远远跑赢港股大盘的,也跑赢了同期的上证指数和沪深 300。

2018 年 3 月,腾讯控股被减持的时候,市盈率是 45 倍,内部组织架构还没调整,to B 业务还没发力,大量财务投资也没有体现价值。而 2021 年 4 月,腾讯控股的市盈率是 31 倍,除了原有的增值业务和广告业务继续保持强势外,小程序、视频号、金融科技等都到了收获期,投资的企业也在源源不断提供回报。

短线而言,腾讯控股的股价确实是有压力的,但此时的腾讯控股和 2018 年被众多声音指责在吃老本的时候已经大不一样,不仅仅是市盈率比当时低了 30%,更重要的是新业务已经进入了全面爆发期,可以说从生态到业务模式的升级取得了全面成功。

腾讯控股历史平均市盈率是 44 倍,过去 10 年中平均市盈率最低的一次是 2012 年的 32.7 倍。以正处于上升期的经营状况来看,低于 30PE 的腾讯控股股价还是很有吸引力的,即便回撤较大,耐住性子跑赢港股或者 A 股的大盘也不需要太多时间。

问题在于,如今的股市已经和前几年有了很大的变化。随着阿里巴巴、京东等中概股到香港上市,美团、快手等重量级企业陆续登陆港股,中国当前最优秀的一批企业已经让港股变成了中国的"纳斯达克"。美股过去 10 年长牛,是纳斯达克引领着道琼斯和标准普尔。现在以及未来很长时间里,我们经常会看到港股引领 A 股的现象。而腾讯控股和其强大的投资企业群,已经在左右港股的走势,腾讯就如同一只中概股 ETF,其股价走势对全市场都会带来直接影响。

第二节　中国平安

作为保险行业的龙头企业,中国平安的业务内涵比较广泛,在原有的寿险、财险的基础上,不断通过内部培育和外部并购来扩展在金融市场上的影响力。目前,中国平安已经是一家拥有保险、银行、券商、信托、互联网金融等业务的全牌照的金融服务商,我们对中国平安的理解,已经不能仅仅聚焦在保险领域了。

1. 一路平安,相伴 9 年

中国平安一直是我的基石股票,从 2012 年到 2020 年底,我持有了差不多 9 年,如果按照分红再买入来计算,年化复合收益率在 19％左右。很多人看不上这个收益,但实际上能做到这个收益的基金绝对是行业头部了。我们现在看到的很多大名鼎鼎的基金经理,长期收益能达到 20％的也并不多。

我持有中国平安,最大的因素是心安。虽然有些人看来,中国平安总是会踩雷,时不时就会爆出来其投资的某家企业出了财务问题。实际上,很多时候都是做的越多错的就越多,股市上返修量最大的手机是苹果和华为,那是因为这两个品牌的销量和持有量最大,出现故障的数量自然就会比别的品牌多,但这并不影响两大巨头的产品口碑。

对于中国平安高达 3.8 万亿元的投资规模来说,1％的不良就有 380 亿元之多,一些问题出现的时候看起来很严重,但对中国平安这个超级巨无霸来说,仅仅是小小的外伤而已。一些人总是会对问题记得更加深刻,而忽略那些变好的因素。实际上,把这两年中国平安投资不利的几个代表性案例所有损失加在一起,都不如同期在平安银行这一家企业上所得到收益的一半多。更何况近两年京沪高铁、平安好医生、金融壹账通、陆金所等所投资的企业陆续上市,数以千亿元计的收益只是因为不是公允价值计量,而没有体现在利润表上而已。保险企业的投资是有非常多的限制条件的,其利润计算模式也和很多人理解的不一样。那些抨击中国平安买贵州茅台的人并不知道,对中国平安来说,同样投资额下,贵州茅台的利润贡献价值远远不如工商银行。

我之所以称中国平安为基石股票,是过去 9 年中,每次遇到较大市场波动的时候,持有或者加仓中国平安,从来没让我失望过。大部分投资者都喜欢那些涨势凌厉的大牛股,动辄翻倍,认为这才是好股票。实际上,很多时候投资者是把弹性当成了成长性。从某一年来看,有些股票确实爆发力惊人,但拉长到 5 年以上,大部分都泯然众人矣。

幸福的婚姻里,大多有个老实人。和老实人结婚,也许不会有刻骨铭心的浪漫情怀,但会有天长地久的坚实依靠。在投资者的股票池里,最好也有一只"老实"的股票,当投资者分不清方向的时候,它会坚定地站在你身边。在我身边一直相伴的,就是中国平安。

不管是 2015 年千股跌停,2016 年的熔断,2018 年历史第二大熊市,还是 2020 年 3 月的美股熔断导致的全球恐慌,我都在买入中国平安。我相信有些事情超出了我的理解范围,但好的企业会带给我方向,并会把我带到那个绝对安全的地方,而中国平安也从来没让我失望过。

2019 年四季度之后,从股价上来看,中国平安表现确实不够理想。但老夫老妻和刚谈恋爱的少男少女是不一样的,恋爱的时候对方微小的错误,都可能会变成一场大战的导火索,毕竟彼此了解的时间还不够多,容忍度自然有限。而对那些已经度过 7 年之痒的夫妻来说,彼此之间更清楚哪些问题是问题,而哪些问题不是问题。

对我来说,中国平安现在的问题真的不是问题。如果他只考虑短期业绩,这两年的表现会好很多,但这并不是中国平安的风格。从会计准则的率先实施,到产品升级,再到代理人改革,中国平安一直在主动打破自己的舒适感,自然会带来很多阵痛。

但实际上,如果不是 2020 年的疫情,寿险改革的成果我们已经看到了。即便如此,我们仍然看到了管理层在改革方向上的决心,这种不妥协也许会让好日子来得没那么快,但只要坚持下来,中国平安就会完成一次真正的涅槃,会让所有竞争对手更加难忘其项背。

我在刚买入中国平安的时候,是当成保险股在买的,后来,他变成了一个金融集团,然后又成为一家全牌照的金融服务商,而近两年又不断表现出在健康科技领域的雄厚实力。中国平安从来没有让自己太长时间待在舒适区里,一直在挑战自己的极限,哪怕有时候会付出不小的代价。

事实上,我现在基本不太关心其他保险企业的表现,他们与中国平安并不在一个体系内。中国平安更像是自己在创造一个新的品类,在这个体系里保险只是一个入口,以健康为核心,以金融为轴心,以科技为突破,中国平安正在远离人们所熟悉的那个形象,而他未来的样子可能会超出我们的想象。

2. 中国平安未来 10 年的大看点

中国平安是一家万亿市值的超级大企业,但这么大的体量却一直都没有故步自封。它除继续巩固保险行业的领先地位外,在金融、科技、医疗、健康等领域一直在不断开拓,先后孵化出了平安好医生、金融壹帐通等上市公司。

从投资的角度来看,超级大蓝筹业绩比较稳定,但成长性往往是与规模成反比的,这也是很多投资者望而却步的一个原因。但中国平安不断开拓的新业务体系,不断孵化出的优秀企业,让其价值股也有了成长属性。对医疗生态圈的学习,让我对未来 10 年的中国平安有了更多期待。

对普通家庭来说,房子是最大的开支,其次往往是教育,排在第三位的就是医疗健康了。每个人的一生都离不开生老病死,为健康付费,是谁都绕不开的。

但看病难和看病贵的问题一直都广泛存在,这是患者的痛点,更是社会的痛点。政府每年要支出大量的补贴,而医保压力依然巨大。

究其原因,一方面是医疗资源不足,医院、医生都有很大的缺口,在数量上支持不够;另一方面,也是医疗资源利用上的不平衡,23%的患者集中在只占总量0.3%的三级医院上,其中大量较轻的病人完全可以依靠普通医院来治疗。

这个痛点,就是平安医疗生态圈的价值所在。通过一流的解决方案,把政府、医院、医生、医药等核心资源协同起来,并通过先进的医疗科技进行科技赋能,让生态圈内所有的资源都能由此受益。

截至2020年,中国平安已经拥有1 800名自建医疗团队成员,近万名签约专家,服务于2万个医疗机构和45万名医生,覆盖了11万家合作药店,同时还在全球范围内与超过1 000家医院网络建立了合作关系。

中国平安的医疗科技专利申请数量已经位居全球第二位;在很多领域中,其科技诊断能力已经大幅超过专业医生。凭借领先的数据和知识体系,建立了疾病库、医疗产品库、处方治疗库、医疗资源库、个人健康库等。对每一家医院,每一位医生来说,这些科技赋能所创造的价值,远远不是传统的医疗体系所能提供的。

为医院和医生赋能,为患者提供有效的建议和资源匹配方案,中国平安的医疗生态圈所能够产生的价值,已经超越了一家企业的经营范畴,有着重大的社会意义。

为社会作出贡献的,社会也必然会有厚报。据平安集团发布的数据,2030年,中国医疗健康市场的规模将从6万亿元增长到16万亿元,远远超过汽车、餐饮、文体娱乐、旅游等大行业,甚至有可能会成为中国规模最大的行业。而这个有着整整10万亿元增量的市场中,中国平安已经是绝对的领跑者。

这个市场是巨大的,势必会吸引各路资金的聚焦。未来要想在医疗生态圈中占据一席之地,首先需要有巨量的资金支持,过去 10 年,中国平安已经投入千亿元资金用于研发,未来 10 年还计划再投入 1 000 亿元,其中 20％～30％是专门用于医疗科技的。小体量的资金,在这个市场上根本没有存在感。

但仅仅有大资金是不够的,还需要充分的医疗健康基因才行。这是一个专业性非常强的领域,并且事关人身健康等安全问题,绝对容不得半点疏忽。凭借着 30 年的保险行业经验,中国平安一直都与健康和医疗行业无缝结合,目前更是在大力发展互联网医院,其数据和案例的积累,是一个巨大的宝藏。

既有资金又有专业基因,还有足够强大的品牌,在这个讲赛道的年份里,中国平安其实一直都在最好的赛道上。

上面所述,仅仅只是局限在医疗生态圈自身的范畴中,随着生态圈的逐步完善,其对中国平安金融客户的支持也是越来越大。到 2020 年上半年,每年的新增金融客户中,已经有 60％来自医疗生态圈。使用医疗服务的客户客均金融合同数是 3.1 个,而不使用医疗服务的客户客均金融合同只有 2 个;使用医疗服务的客户客均 AUM 为 10 K,更是远远大于不使用医疗服务的客户客均 AUM 的 5.6 K。

可以想象,未来,随着中国平安在医疗生态圈中的业务规模越来越大,其对整个集团的金融生态体系的支持是成比例放大的,而且这个护城河足够宽也足够深,其他传统的竞争对手只有望洋兴叹了。

未来 10 年,医疗生态圈会是中国平安的大看点,甚至可能是最值得关注的超级大看点。尽管目前平安好医生还处于未盈利状态,但其价值和前景已经被市场所重视。16 万亿元的超级行业,值得期待!

3. 让子不让先,中国平安的改革决心

近两年来,中国平安一直在做代理人队伍的优化,这对短期 NBV 的影响

是直接体现的。2020 年末,中国平安个人寿险销售代理人数量为 102.38 万人,同比下降 12.3%。这一方面,是受疫情影响,展业难度加大,让部分代理人的收入下降,导致了人员流失;另一方面,也是中国平安没有因为短期的困难而改变既有的代理人改革步伐,继续坚持优化,让一部分低效代理人被动离职。

长痛和短痛结合在一起,导致了中国平安 NBV 数据的持续不佳,尽管中国平安也针对代理人现状,提供了一些新业务价值率较低,但市场接受度较高的产品来缓和代理人的紧张环境,但这一状况预计还会延续一段时间。在各家保险企业中,中国平安的寿险代理人改革做的是最彻底的,受到的负面影响也是最大。那么为什么要做这样伤筋动骨式的改革呢?

这是因为,时代不一样了。近年来金融创新不断推出新产品,这对金融市场的冲击是巨大的,很多产品都是有历史意义的。传统的金融行业一方面在机制上没有优势,另一方面更是在科技上处于绝对劣势。金融科技不仅仅会提升效率,更是在改变整个金融体系的运行规则。

传统的代理人,优势是生活阅历丰富,老客户资源较多,但整体学历不高,学习能力处于弱势,对新业务模式的理解和应用有一定障碍。未来的金融是靠科技发展的,没有高质素的代理人团队,再高精尖的科技产品,也会在应用效率上大打折扣。

另一方面,高利润保单更多来自头部客户。如果说过去 20 年时间里,很多高资产人群的学历参差不齐的话,未来 20 年的高收入人群普遍会是高学识阶层。增大这部分客户的黏性,就必须要有与之相称的高质素代理人。目前寿险改革基本上落实完毕,结合未来医疗健康险等行业政策利好,2021 年,经历了几年阵痛之后,该到中国平安的收获期了。而这一轮改革,将会让中国平安在未来数年内处于绝对的主动地位。

让子不让先,这就是中国平安当前的布局。2020 年的困难是历史性的,外部环境与内部环境的痛点结合到了一起。但即便如此,中国平安仍然基本保持了业绩的平稳,没有出现大幅度的下滑,这就是多年的底蕴。随着中国好医生、金融壹帐通和陆金所的接连孵化成功,平安银行在零售领域里的长足进步,中国平安的金融生态环境正在进入红利释放的加速期,这也会给寿险改革的推进带来强力支持。

第三节　招商银行

多年以来,招商银行在股份制银行中一直都保持着自己的经营特色,在 20 年前便确立了聚焦高端客户,大力发展零售的业务方向,并逐步取得了卓越的成绩。即便在 2020 年大部分银行市场表现不佳的时候,招商银行仍然得到了各界资金的青睐,其内生能力已经被广泛认可。

1. 银行股的投资价值

2020 年,消费、科技、医药类的股票表现优异,这是好事,经济发展是离不开这些行业的。不管对这些股票的估值怎么看,能引起资本市场的注意,增大行业发展的驱动力,对相关企业都是一种促进。但从另一个角度来说,不管是消费,还是医药、科技,与世界一线企业相比,国内的企业整体上还是处于明显下风的,要走的路还很长,而这长长的路也就是这些企业未来的成长空间了。

有一个行业,近些年的发展速度很快,已经完全不低于世界顶级标准,面对很多世界级公司的竞争,依然能保持绝对的市场领先位置,让外资企业的存在感越来越小。但形成鲜明对比的是,这个行业的股票却饱受诟病,整个2020年都在鄙视链的末端,甚至被人称之为"傻",这就是银行,号称万业之母,各行各业都离不开,却在股市上"傻"到"惨"的银行!

我作为一个持有银行股十几年的投资者,看到这样的观点却感到有点奇怪,过去10年优秀的银行股年均涨幅在15%以上,即便是饱受嘲笑的2020年,招商银行和平安银行的涨幅也都在20%左右。近些年来,准备看银行笑话的人有很多,但持有银行股赚的钱一点不少,过去10年能跑赢招商银行的基金没有几只。

很多人都喜欢大牛股,但这种跑得快的"大牛",除非是长期持有,否则很难从山脚下就能骑上。如果是半山腰再上车,敢于重仓甚至全仓的人少之又少,中间大回调的时候能拿得住的人也并不多。即便是那些能吃完整个行情的投资者,很多也都是原来持有多年的,忍受了长时间的沉寂过程。我们看到长城汽车一年涨了341%,但也得看到它在此之前横盘了7年;中远海控涨了131%,但它是刚刚才突破了2009年的高点。

能在牛股上赚钱的都是牛人,能把这些钱揣进口袋也并不容易。在银行股赚钱的就简单多了,有太多持有银行股的投资者,长期满仓持有,可能某一年的收益不高,但持续10年能跑赢他们的人并不多。在收益率上有些人会超过他们,但绝对收益却可能是大幅跑输的,轻仓和重仓甚至全仓的差别,有时候会远远大于股票的涨幅差距。

刚开始投资的时候,投资者可能会更关心那些涨幅较大的股票,对银行股不屑一顾,认为这些都是收租股,赚不了大钱。实际上,从基金的品类来看,固收类产品才是市场主力,大部分资金并没有去追逐那些高收益的基金产品。投资最重要的是确定性,想赚快钱的人迎来的可能是"快刀",喜欢安全第一的人反而常常会有额外回报。

大家都知道涨得快能赚钱,实际上涨得慢赚得也不少,而且更轻松。对有些经验丰富的投资者来说,银行股这种上有顶下有底的股票,是仓位控制和杠杆应用得最好标的,很多时候股票不怎么涨,钱却赚得不少,这也是一种风格。

虽然我一直都持有银行股,但对银行业的评定也不会过分夸张。随着我国GDP增速趋缓,银行确实不可能持续保持快增长了。优秀的银行很长时间里还会保持两位数的增速,但大部分银行的增速很难超过10%,当然这也给了投资者一个高股息的机会。

做银行股,最大的优势是稳定,就算是股市停摆也不会让银行崩溃,这是最基础的经济常识,也是做银行股的核心依据。

2. 从招商银行年报,看银行股的投资

招商银行2020年的年报出台,营业收入为2 904亿元,同比增长了7.7%,归母净利润为973亿元,同比增长了4.86%,4季度表现不错。考虑到2020年银行业做出的贡献,能交出这样一份成绩单已经算是不易,招商银行还是一如既往地稳定可靠。尤其喜人的是,核心一级资本充足率为12.29%,继续保持了上升势头,比起很多融资大户,招商银行的整体质地确实在银行股中高出一头。

很多人应该还记得2020年3月,各界对银行股的态度。那时候,几乎是在集体宣判银行股要崩溃,认为银行板块未来几年都翻不了身了。可实际上,过去10年,优秀的银行股涨幅很多都在15%以上,即便是饱受嘲讽的2020年,招商银行和平安银行的涨幅也都在20%左右。四大行的任务重,暂时低迷也很正常,后面会随着经济稳定恢复常态的。一直以来,准备看笑话的人多,但持有银行股赚的钱一点不少。

2021年3月19日,招商银行的收盘价是51.76元,而2020年3月19日的

收盘价则是 28.43 元(前复权价格,不算分红),一年时间招商银行的股价上涨了 82%,全市场的基金有多少能跑赢这个数字?!

对于投资者来说,有时候赚点钱确实很难,但有时候最好也是最安全的机会就放在他面前,却被他旗帜鲜明地拒绝了。过去这些年,我就是坚决泡在这些被人鄙视的股票堆里赚钱的。

十几年前,我刚入市的时候,就开始做银行股了。那时候我对银行的内在经营了解并不多,但我很清晰地知道,房地产实际上一直都是在为银行"打工";购房者的住房升值了很多,也是在为银行赚钱。银行作为"万业之母",只要经济持续发展,这个行业就不会出现长期低迷。事实上,即便股市停摆,也不会让敞口风险覆盖到银行业上,这是金融的底线,也是国运的安全水位线。

我前期持有的主要是浦发银行,2015 年"股灾 1.0"期间,就是靠不断补仓浦发银行才保证了当年翻倍的收益。到 2016 年,我进行了调仓换股,把浦发银行换成了招商银行,后来浦发银行便出现了一系列负面消息,至今仍然没有恢复到当年的强势。换掉浦发银行,并不是我独具慧眼,看出它一年后的连续暴雷。当时的理由很简单,浦发银行在 2016 年的估值已经与招商银行相差不多,但从整体经营上来看,招商银行还是要比浦发银行更胜一筹的。2016 年,浦发银行的归母净利润是 530.99 亿元,招商银行的归母净利润是 620.81 亿元;而 2019 年浦发银行的归母净利润是 589.11 亿元,招商银行的归母净利润却已经做到了 928.67 亿元,相差悬殊。

最近几年,我总结出一个心得,买高负债行业的股票,千万不要图便宜。行业本身就是高杠杆的,业绩好的时候,收益会成倍数放大;而业绩不好的时候,风险也会成倍数放大。当然,要是遇到一年前那种严重错杀情况,出现一个难得的机会,可以买入基本面好、管理优秀、估值又低的好股票,那是最好不过了,但这种机会真是可遇不可求。

第四节　万科企业

在各家房企中,万科应该是知名度较高的一家。作为 A 股上市的第一家房地产开发企业,30 年来万科一直都是地产界的一杆大旗,不管是在产品、营销方面,还是在管理和服务上,万科为行业做出的贡献至今无人可及。2020 年下半年,部分内房股出现了大幅下跌,很多跌幅都在 30% 以上,但港股的万科企业同期上涨了 9.5%,万科 A 则上涨了 13.7%。

但 2021 年的股市却有了很大的变化,年初的两个月走势里,万科股价表现不错,从 28.4 元涨到了最高点 34.08 元,涨幅达到了 20%。但在 3 月份之后,万科的股价一泻千里,3 个多月时间就从最高点的 34.6 元,跌到了 6 月中旬的 25 元,跌幅达到了 27.7%。这 3 个多月的历程,万科也堪比 2020 年下半年的内房股,都是一路下跌,基本没有反抗余地。

万科出现这样大的跌幅,原因是多方面的,详述如下。

1. 还在为历史买单

在 2020 年内房股集体下跌的时候,我曾说过,地产股目前面临的是行业问题,而不是企业问题。当然会有部分企业由于行业整体不佳,而导致基本面恶化,以至于出现了华夏幸福和泰禾集团这样的严重影响,但大部分企业所面临的问题,并不完全是自身的经营管理所致。

先是 2016 年和 2017 年的土地市场过热,紧接着就遇到了无可躲避的限价,然后便是 2018 年的市场萧条。这三大抑制因素作用在一起,才导致了各家房企在 2020 年的年报中,普遍出现了增收不增利的现象,作为行业销售规模排名第三的万科企业,也没能成为例外。万科企业在 2020 年的年报中,营业收入为

4 191亿元,同比增长了 13.92%;但归母净利润为 415 亿元,同比只增长了 6.8%;每股收益为 3.62 元,增速只有 4.52%。

如果说 2020 年的年报,部分结算和费用受到疫情的影响有些失真,那么 2021 年一季度的季报就更让人失望了。2021 年一季度,万科企业的营业收入为 622 亿元,同比增长了 30.33%;但归母净利润的增速只有 3.44%,每股收益为 0.11 元,增速更是只有 0.63%。一季度的营业收入虽然在全年数据中占比较 小,但相比 2020 年的低迷数据,不但没有改观反而进一步恶化,这让投资者对全 年利润的增速难以寄托厚望。一季报数据出来的第二天,万科 A 的股价就下跌 了 3.2%,可见其确实大大出乎了市场的预料。

2. A 股房企整体性补跌

2020 年下半年,港股的地产股整体性下跌,相对而言,A 股的地产股表现出了 不错的态势,主流房企基本都是正增长。其实在基本面上,两个市场的房企并没有 明显的高下之分,导致出现分化的原因,主要是港股受国际资金的影响比较大。

2020 年下半年,受人民币大幅增值和美欧市场对流动性的强烈需求影响, 大量海外资金流出港股,放大了内房股的基本面问题,以至于不断出现两三个月 内跌幅超过 30% 的房企,这里面就包括不少基本面较为稳定的蓝筹股。

以一向和万科企业齐名的中国海外发展(中海)为例,2020 年下半年的开盘 价为 23.19 港元(中海股价均为港元),年底的收盘价是 16.86 港元,下跌了 27.3%。同期万科的股价从 25.25 元,涨到了 28.7 元,上涨了 13.7%,两者的 股价变动幅度之差高达 41%。而 2021 年以来,万科的股价下跌了 12.89%,中 海则上涨了 15.42%。此消彼长之后,从 2020 年下半年到现在的接近一年时间 里,万科股价下跌了 1%,而中海的股价跌幅为 16%,两者之间的股价变动幅度 之差缩减到了 15%。

相对来说,港股资金比较务实,更看重企业具体经营状况,受市场整体情绪的影响要比 A 股小一些。2020 年下半年,A 股的整体环境让地产股仍然保持了平稳状态,但 2021 年春节后的大盘回调导致大环境不佳,失去了平台支撑的 A 股房企,与港股房企拉近距离也就是顺理成章的事了。不仅仅是万科如此,A 股的代表性房企如保利地产、金科股份等 2021 年都在补跌,而且跌幅更大,两个市场之间的分化将进一步缩小。

3. 调控压力将长期持续

从 2020 年 8 月开始,在宏观经济形势基本稳定后,对房地产的调控政策就接连出台。从针对房企的"三道红线",针对银行的"两道红线"到针对土地的"两集中",一个又一个重磅措施接连落地,对行业的影响都是具有历史意义的,正在从根本上改变地产行业。

由于房屋销售仍然过热,调控丝毫不会放松,各家房企又受到了重重束缚,让市场对耀眼的业绩能转化出多少利润持续怀疑。一段时间内的市场环境非常微妙,地产股的整体低迷与商品房销售额的大幅上涨形成了强烈对比,这在地产股的历史上都是罕见的。

2021 年以来,各地出台了不少进一步缩紧的措施,短期内对市场还会形成压力。但我们要看到,所有的约束都是为了让地产行业更加健康,能更稳定更均衡地运行下去,这对地产开发行业的持续发展是全关重要的。一部分能力弱或者财务状况不佳的企业,将加快离开市场的速度,而拥有财务和管理优势的万科企业,从长期角度来看会是这些调控措施的主要受益者之一。短期阵痛换来长期的健康发展环境,如果以几年后的眼光来看现在,这一切都是值得的。

4. 结算周期的不利影响

如果说增收不增利是各家房企在 2020 年报中普遍存在的现象,那么对万科企业来说,还有一个自身的隐忧。2021 年报应该结算的是以 2019 年销售房源为主体的已售未结部分,但万科在 2019 年的销售额为 6 308 亿元,比 2018 年的销售额 6 070 亿元只上涨了 3.9％，也就是说，如果 2021 年万科的非开发收入没有大幅增长的话，其营业收入的增速会大为下降。

万科2015～2020年度销售金额、权益销售金额变化情况　　　　　　　（单位：亿元；人民币）

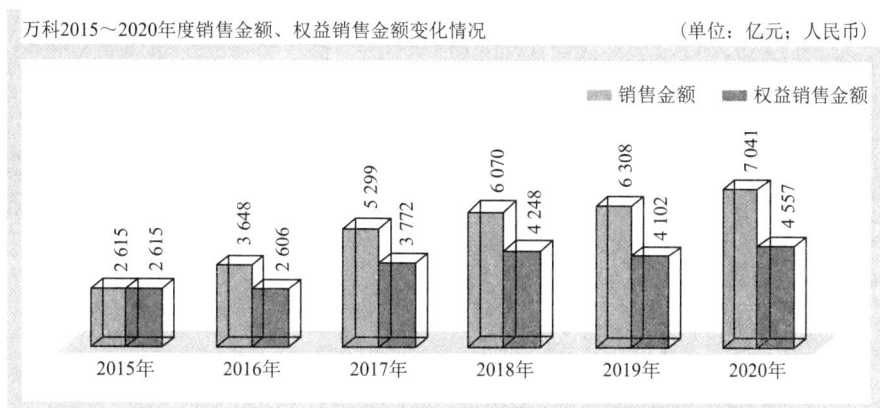

由于 2021 年报结算的房源中，还有不少是 2017 年在高点拿到的地，净利润率与 2020 年相比不会有很大的提升，2021 年报中的整体净利润与 2020 年报时相比，也不会有太多增加额。而 2020 年底的时候，万科管理层对 2021 年全年净利润的预期是 500 亿元，这个目标比 2020 年增加了 20％，这也是 2021 年初万科股价出现较大涨幅的重要原因。但在 2020 年报和一季报接连出台后，股市对万科的净利润率能否快速回升产生了怀疑，两份财报出台后的下一个交易日都出现了股价大跌。

要想扭转股市趋势，对万科企业来说，一方面需要继续保持当前的销售势头，另一方面要看 2021 年中报时的净利润率能否出现明显回升，毕竟万科 A 在持续下跌后的市盈率仍在 7 倍左右，虽然不是很高，但相对一些主流地产股来说（保利地产为 5.3 倍，中海为 4.8 倍，融创中国为 3.1，碧桂园为 4.9 倍），回调空间仍然是有的。

综上所述，尽管 2021 年有少数 A 股房企的股价走势不错，但主要是其商业背景导致的，市场认可了其现有利润具有持续性，同时又享受到了两三年前留下来的业绩红利,才有了现在的表现。像万科企业这样仍以开发为主的房企,只有用财报来证明自己的销售额会转化出真金白银的利润来,才能改变股市的对其现有的认识。

从 2018 年之后万科企业的拿地情况来看,一直没有像某些房企那样去追逐高价地,4、5 月份的两集中拿地中,万科企业就保持了足够的克制,整体溢价率还是比较合理的。从 2020 年开始,万科企业基本上已经恢复了自己的销售增速,虽然有疫情影响,全年销售额同比仍然超过了 10%。2021 年前 5 个月,万科的销售额达到了 2 868 亿元,同比增长了 16.1%,销售均价为 15 972 元/米^2,上涨了 1.8%。

这些成绩是建立在有合理利润的前提下的,预计万科的净利润率会在 2021 年到 2022 年的年报中逐步回升,虽然已经不能再恢复到两三年前特殊时期(低价地遇到了高售价,这一现象很难再复制了)的状态,但稳定保持 500 亿以上的归母净利润还是可以期待的。时间会打消市场所有的疑问,但作为投资者,也要准备好足够的耐心。

股价 25 元的时候万科的股息率是 5%,港股市场上虽然有些房企的股息率更高,但港股通要缴纳 20% 的税,万科此时的分红已经非常具有竞争力了,这是万科的重要护城河之一,而且会越来越宽。

第五节　中国金茂

随着核心城市住宅开发用地的日渐稀少,那些只能依靠城市现有资源来赚钱的企业,对城市的价值会越来越小。未来的地产开发竞争,核心在于能帮城市赚钱的能力。作为拥有强大产业基础的一级央企中国中化的子公司,中国金茂就是其中的佼佼者。

1. 城市运营是地产界最宽的护城河

关于中国金茂的城市运营,很多人恐怕会将其和一些特色小镇或者产业新城等概念相混淆,对中国金茂来说,这是未来发展的核心竞争优势。

近几年来,地产股的估值一直不高,大部分都保持在 10PE 以下,越来越有银行化的趋势,这与上市房企动辄几十亿元甚至数百亿元的净利润形成了鲜明对比。究其原因,在于很多投资者都对商品房的增长前景保持悲观,认为房地产开发尤其是房地产住宅开发,已经是一个夕阳产业,缺少永续性。

这种论调也不是没有道理。房地产开发业务确实已经过了高速增长期,开始进入平缓发展的状态。但行业是行业,企业是企业,有一家房企就走出了一条完全不同的道路。10 年之后,我们耳熟能详的很多房企营业收入可能已经大幅萎缩,甚至其主营业务都会发生很大变化,但这家公司仍然出现在地产开发的最前沿,这就是中国金茂。

2020 年,中国金茂销售额达到了 2 237 亿元,位居上市房企的第 15 位,比 2019 年提升了 3 个位次。在 2020 年这个特殊年份,面对全国各家顶级房企,取得这样的进步实属不易。快速增长的销售业绩,还不是中国金茂被看好的最主要理由。凭借"双轮两翼"战略,其独有的"城市运营"体系,才是其在地产界最宽的护城河。

很多人对商品房开发有很深的误读,仅凭表面的数字就判定房地产这个行业已经进入瓶颈期,并认为这是由于房价高企造成的购买力不足所引起的。这是一个广为流传的误解,如果真的因为房价太高导致购买力大幅萎缩,还要这么严格的宏观调控做什么呢?房子都没人买了,还需要"限购"和"限贷"吗?更何况,在很多城市商品房销售额下降的同时,二手房成交额却连年上涨,这就是购房需求仍然旺盛的最好说明。

事实上,现在商品房成交数字增速下降,最主要的原因并不是出在需求端,而是出在供给端。全国一二线城市,经过了20多年的大力开发,核心城区的土地储备均已经严重不足,很多城市的商品房用地是连年下降的。有地才有房,有房才有客,连地都没有的房企,又怎么能担得起"地产商"的名号?

根据相关政策,新出让的土地必须要进行"招拍挂",每一次热点城市配套较好的地块在出让的时候,都是各房企之间的白热化"大战"。一块被看好的待开发用地,加价数十轮甚至数百轮都不足为奇。为了拿到足够的优质土储,各家房企研制了众多撒手锏,有发展商业的,有擅长文旅、康养的,也有热衷于打造特色小镇或者开发产业园区的。

这些方法,其实都容易复制,事实上现在每一种拿地路数,都有好几家企业做得不错。但这些模式都只是完成了一个"点",而且诸房企之间也日渐同质化,彼此优势都越来越不明显。真正能建设出一个"面",甚至是一个"体系"的,只有城市运营模式。而在城市运营层面上,形成了规模和口碑的,只有中国金茂一家。

一般的"产业小镇"或者"产业园区",都是远离主城区的,其内容基本上就是厂房、办公室与住宅的结合。由于地段偏远,周边配套往往严重缺乏,开发出来的住宅就成了工厂宿舍区,品质往往较低。从售价和去化速度角度来说,也很难让人满意。

而中国金茂的城市运营与此有着根本不同,它是通过规划驱动和资本驱动,协助解决地方政府在技术和资金上的难题,再造一个全新的具有丰富城市配套的新城区。所开发区域里,不仅有产业、有住宅,还有商场、医院、学校这样的居住生活必须设施,有些还会有酒店、剧场等高端配套。

从无到有,凭借着中国金茂的实力与能力,短短数年便能在一张白纸上打造出一个新的城市中心区。而其他一些开发模式,卖完住宅最多能提供一些商场或者文旅设施,而中国金茂的城市运营,则在提供一个不断创造就业和税收的产业体系。

2. 城市运营的独有优势

城市运营对企业的资金实力与资源整合能力要求都很高,从资金成本上基本就把普通民企排除在外了。即便是央企,具有如此专业能力和态度,也不是一件容易的事情。中国金茂的城市运营有以下几大特点:

(1)先做城,后做产

城,是要容纳人们衣食住行的,让人们愿意和自己的家人一直住在这里,这才是城市的意义。而人们长期居住在这个地方,自然需要相关的产业来提供就业和发展,这才有了"产"的概念和发展。所以先做城,后做产,这才符合人们的生活逻辑。

这个道理大家都明白,但前期用几年的时间来做城,其间没有回报,这对企业的能力和实力都是一个巨大的考验,仅此一项便让绝大多数房企对城市运营的模式望而生畏,毕竟现在的主流开发模式追求的是高周转,即便是顶级房企,其负债能力也无法满足"先做城,后做产"的需要。

(2)双轮两翼战略

做城需要一个态度。一个全部售出铺位的商场无法有效管理,一个缺少"持有"的城市也是无法保证长期发展和运营的。中国金茂"开发＋持有"的双轮,与"服务＋金融"的两翼,是城市运营的有效保障。只有地产开发和持有运营高效结合,才能真正打造出一个全新的"城"来。

在一个数百万平方米的城市新中心区中,酒店、剧场、学校、医院这样的大型持有业态,是对整个板块居住品质最好的保证。这些业态不仅仅需要硬件的支持,更需要长期持续地经营和维护,它们是城市的基础架构,没有足够的耐心和能力,无法完成此任,更无法与市民们"对美好生活的向往"一起与时俱进。

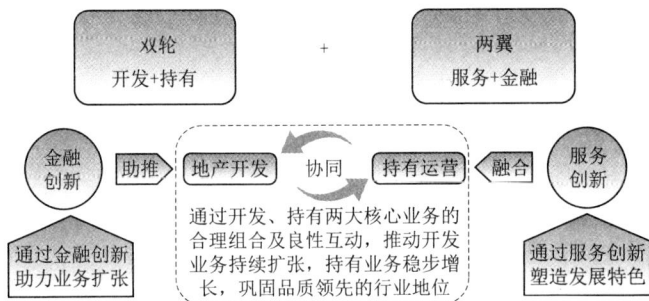

（3）城市运营为核心

中国金茂的城市运营地块一般都在数百万平方米甚至更大，对规划和资金的要求都是非常高的。中国金茂在接手地块之前，会从全国产业发展趋势的高度，结合城区内在机理的特殊性，进行全面的规划。在生态模式中，可以有金融中心、产业基地，也可以有健康、养老社区，甚至农业硅谷。这些业态，完全是根据地方特色和需求而设计，并整合了全球性资源来落实，充分保证了其长期生命力。

在实施过程中，中国金茂还可以提供大量资金来支持规划的有效落实，直至打造出理想的升级城市。不管是以航运和客运为中心，容纳了4 000家金融、保险、银行等企业的上海北外滩，还是以科技研发、医疗健康为核心的长沙梅溪湖，都已经成了经典的标杆之作。

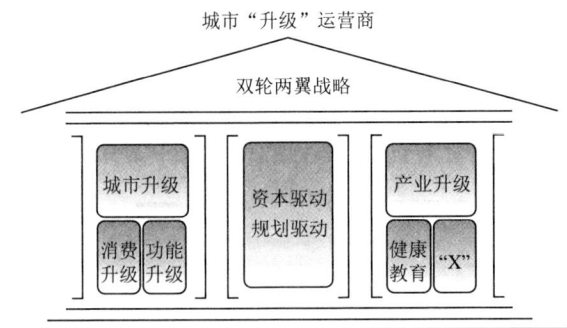

（4）绿色战略

真正的城市运营，不是为了短期经济效益而存在，而是要与市民一起成长，一起发展,让城市的自我升级属性全面得到体现。

绿色和科技,一直是中国金茂所开发产品的标签。这不仅仅能直接提升产业用户和普通住户的生活品质,降低对城市生态环境的负面压力,而且由于前期费用巨大,直接形成了一条宽广的护城河。只有中国金茂这样有能力长期持有并运营众多业态的房企,才能充分承担并转化高昂的前期投入。长沙梅溪湖的江水源热泵和上海北外滩的环保木墙等典型案例,在实际使用中都已经产生了非常积极的效果,这些经验也将随着中国金茂的快速发展步伐,不断复制和升华。

自从 2011 年开始启动长沙梅溪湖项目以来,中国金茂在 10 年里,年销售额从 110 亿元提升到了 2 237 亿元,增长了 20 倍之多。依托强大的城市运营能力,2020 年中国金茂新增土地储备 1 390 万平方米,其中 79% 位于一二线城市,平均地价为 7 525 元/米^2,同比下降了 7.4%。来自城市运营贡献的新增土地储备,已经占金茂全年新增土储的 40%。未来,城市运营拿地的比例会进一步提升,预计占比可以达到 60%,这将大大提升开发项目的毛利率,在招拍挂+限价的行业背景下,这种城市运营的能力,是一种核心竞争力。而企业估值,也会随着大量的高效业态不断进入利润产出期,而得到不断提升。

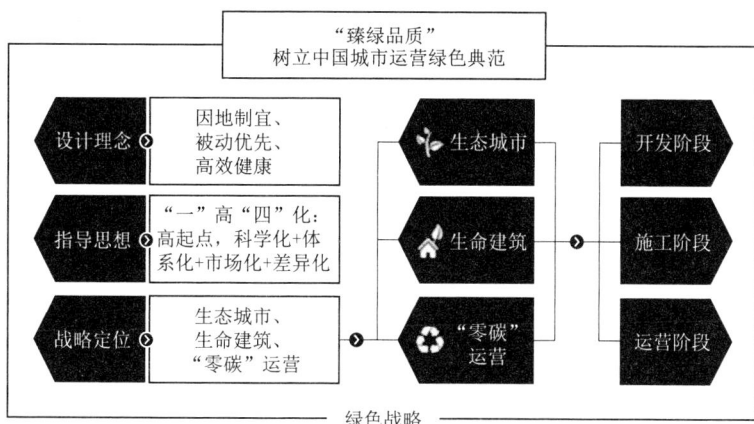

绿色战略

比起那些等待分配土地的房企,中国金茂创造土地的能力,可以确保其始终拥有巨大的土地储备,而持有的优质业态则会在城市运营中不断得到价值提升。

这一优势,正随着"城,人,产"模式的逐步完善而进一步增强。

在地产股中,金茂是一个比较复杂的标的,有点像中国平安,一个大业务体系中分了好多个小体系。从估值和业绩预测角度来说,难度比一般地产股大很多。

住宅销售、公建销售、写字楼销售、酒店管理、商场经营、写字楼租赁、公寓租赁、土地转让、产业运营、物业服务等,虽然看起来都是和地有关的产业,但从毛利到营收都充满了可变性,简单的线性推算,往往会与结果相差甚远,突然出现的土地或者写字楼大手转让,可能就会带来几十亿元甚至百亿元以上的销售额。

2020年的年报中,毛利率的下降是预料之中,这是2016年、2017年高价拿地的后遗症,但随着城市运营项目迅速增长(2021年计划增加到35个),后面毛利率会迅速增长,而且几年内大概率不会再降下来了。

同时,受益于中化集团和中国化工集团的合并,中国金茂承接了大量旧厂改造项目,千万级别的土地,让中国金茂如虎添翼。从2020年开始,城市运营的土地逐步释放,静态的土地储备便可以确保未来5年实现年化25%左右的增速。要知道未来几年,茅台、平安、格力这些大牛股,想常年保持25%以上的增速,都是很难的事情了。

地产股的赚钱能力,市场并不怀疑,所担心的只是赚钱能力会持续多久。在这个角度上,中国金茂依托城市运营的优势,有机会会成为时间的朋友。

第六节　华兴资本

商业银行是大家比较熟悉的,投资银行对普通投资者来说就有些陌生了。但和商业银行一样,对于上市公司来说,在资本市场上是离不开与投资银行的合作的。华兴资本,近年来与大量家喻户晓的著名企业进行合作,已经成为中国投行业的顶级机构,尤其是在新兴产业上,具有非常丰富的成功经验。

1. 资本的时代,时代的资本

2021年4月,我随雪球调研团走进华兴资本参加活动,和以往对任何一家公司的调研相比,这次给我的感受大不相同。作为一名职业投资人,到华兴资本这样的顶级投资机构和包凡先生面对面谈投资,这会是我很多年后都值得纪念的事情。

华兴资本成立于2005年,是专注于中国新经济的领先投资银行与投资管理公司,公司主营业务包括融资与并购顾问、股票承销与私募股权基金等。目前,华兴资本的业务主要分为四个部分:投资银行、投资管理、华兴证券以及包括结构化金融与财富管理的新业务具体见下表。

华兴资本业务分部介绍

业务分部	职　能	收入类型
投资银行	早期服务:连接有前途的创业公司与知名投资者,为创业公司提供一站式的私募融资顾问服务。 顾问服务:包括私募融资顾问、并购顾问、医疗顾问、主要服务于成长期的企业。 股票承销:在中国香港、美国、中国大陆三地获准提供承销服务,部分客户来自以往顾问服务客户。 销售、交易与经纪:就股本证券以代理人的身份向机构客户提供销售、交易与经纪服务。 研究:范围涵盖各新经济行业	交易及顾问费收入,利息收入,投资收益
投资管理	私募股权基金:截至2019年末,管理9只私募股权基金(包括三只美元基金),AUM为342.36亿元	管理费收入,附带权益收入,投资收益
华兴证券	聚焦中国的全国性多牌照投行子公司,可提供证券承销、证券经纪、研究及资产管理服务	交易及顾问费收入,利息收入,投资收益
新业务	结构化金融:为新经济公司探索发展非股权融资。 财富管理:向以新经济企业家为代表的高净值人群提供增值财富管理服务	利息收入、投资收益管理费收入

数据来源:公司年报、公司招股书、广发证券发展研究中心。

华兴资本从成立至今 16 年的发展历程中,一直与很多著名品牌的成长轨迹交相辉映。近几年的资管业务中,我们就可以看到美团、贝壳、小米、快手、B 站、药明康德、理想汽车、泡泡玛特、微创医疗等明星级上市公司的身影。中国市值 TOP 100 企业中,过去 10 年上市的有 38 家,华兴投资的有 11 家,占比近 30%;中国市值 TOP 300 企业中,过去 10 年上市的有 116 家,华兴投资的有 21 家,占比近 18%。目前,华兴资本资管业务的 AUM 超过 570 亿元,2021 年预计还会有 200 亿元规模的增长。

在会议上,我向包凡先生请教了一个问题:"华兴投资了很多优秀的公司,这一方面说明华兴资本的眼光和远见,另一方面这些公司当时已经很优秀了,除了资金以外,他们最看重华兴资本的是什么?"

包凡先生回复说:"我们的投资策略是成长性投资策略,核心是看得准和搞得定!"看得准,源自强大的研究能力,对市场、大势和行业、企业都有着足够的预判能力。而搞得定,则体现了华兴资本在资本之外的全面能力,包括品牌、服务和满足企业不同阶段不同需求的能力。事实上,华兴资本过去积累的上千个成功案例,已经建立足够强大的生态体系,在后继的业务发展中,这就是足够宽广的护城河。

华兴资本专注于新经济,过往的成功案例基本都是互联网、科技、医药类型的企业,其为中国新经济公司承销的香港和美国 IPO 数量在中国投行中排名第一,在新经济领域拥有明显优势。中国新经济的总体规模,预计将在两年内超过 5 万亿美元,年化增长超过 30%,前景无限,商机更是无限。

20 世纪 80 年代是货品时代,解决的是数量不足;20 世纪 90 年代是产品时代,解决的是质量不足;21 世纪初是品牌时代,解决的是人文需求;2010 年至 2020 年,是渠道的时代,打破了空间阻隔。而 2020 年开始,我们将迎来资本时代,这是国富民强之后的必然需求。如何与资本同行,是大多数企业的重要课题,也是每一个投资人要直面的市场方向。

就我个人而言,过去十几年的投资生涯,一直都是以银行、保险、地产、家电等传统产业为主,但近几年也在不断学习新经济,并在 2020 年开始买入腾讯控股。新经济代表着未来,这是众所公认的,但未来虽然宽广,也代表着很强的不确定性。

华兴资本在新经济领域里长期的深耕,其经验在业内拥有着明显的领先优势。对华兴资本的研究,对投资者在新经济领域进一步提升理解和认识,会有很大的益处。目前来说,我对华兴资本的认识还有很多不足,但不管从投资还是从学习角度,华兴资本控股都会是我长期跟踪的标的。

2. 投资江湖,时刻牢记一个"畏"字

对华兴资本的拜访,带给我最直接的感受,用一个字来形容——"畏"。心生畏意,这种感觉我很多年都没有过了,但这一次却如此浓烈,如此真实。

我在过去几年的投资中,成绩还算交得过去,不管市场如何变化,我一直都充满信心,即便是 2015 年下半年和 2020 年 3 月下旬,也从来没变过。但这一次不一样,在国内顶级机构的办公室内,我忽然感到自己如此弱小,这是一个散户与大资本之间无法比拟的巨大差距,完全是两个世界的距离。

尽管包凡先生亲切随和,谈笑风生,但那份从容与淡定,是穿越了 20 多年惊涛骇浪之后的返璞归真。

在会场上,我一边认真倾听着他每一句讲话,一边暗自庆幸自己能有所收获。顶级的机构,从资本、人才、专业和资源上,都拥有着极其巨大的优势,对全市场的明显交易机会,几乎是无一疏漏。当年,格雷厄姆的烟蒂理论还有用武之地,但在今天,稍有机会便很快会被资本发现。"翻手为云,覆手为雨",市场是在一个被高度严控的大环境下,偏离还会存在,但纯粹的交易性机会将越来越少。

未来的个人投资者,能够选择的路只有两条:一条是把自己的钱交给机构,尤其是那些头部机构,让专业的团队帮自己打理;而另一条,则是尽量少做甚至放弃交易性机会,专注于企业,让那些优秀的企业家带着自己赚钱。

在这个残酷的股票市场上,只有顶级的企业家才能与顶级的投资人分庭抗礼,当然顶级的投资人也是需要顶级的企业家来实现价值的。从这个角度来说,

我们选择专注企业也就是在选择与顶级投资人同心协力,借助伟大企业实现投资梦想,这是殊途同归。所以两条看起来完全不同的路,实际上也是同一条。

明白自己的弱小,是丛林法则中的最有价值的一件事。"畏"字当头,时刻知道自己什么事是做不了的,时刻知道那些巨兽就在身旁轻抚着利爪,我们才会如履薄冰、兢兢业业地做好那些最基本的工作,而不是每天幻想着好运气。

包凡先生在沟通中也提到,"一定不能干逆势而上的事情",对"哪些钱是该我们赚的,哪些钱是不该我们赚的","要保持一定的定力,调整好自己的心态"。可见,顶级投资机构也一样在坚守自己的原则,对市场和大势始终保持着清醒的态度。

回过头来,看看我们身边的投资者,看看那些什么钱都想赚,总觉得股市上的机会都应该参与一下的人,我们就该明白为什么这个市场上有那么多的牛股,但绝大部分人还是在赔钱了。

很多时候,交易机会不断变小,但企业的机会反而被相应放大。在机构讲究效率的时候,我们默默买入,耐心持有,等他们需要效率的时候再静待花开,这些钱更适合个人投资者。这次调研,我除了对华兴资本这家企业有了一定的感性认识之外,对我的投资理念也有了很大的触动。我开始做职业投资之后,就有意识地不断加强对企业价值的研究和坚守,也在有意识地一点点远离交易价值,现在这个方向更加明确了。"买入中国最优秀的企业,等待它们成为世界上最优秀的企业",两年前我写下的这句话,会一直陪我走过未来的投资之路。

第七节　特步国际

随着几十年来的快速发展,中国产品的市场竞争能力越来越强,在很多原有的洋品牌所垄断的市场上,正在占据越来越大的市场空间。国产服饰领域也是这样,作为老牌运动服饰企业,特步国际近年来在产品的科技提升和设计、营销、品牌打造等方面都取得了明显的进步,很多产品已经进入了一线行列。

1. 东风已到,只需时间

2021 年 3 月下旬,我前往厦门拜访特步国际。刚到厦门,就知悉了"棉花事件"。不论从哪个角度看,这对国内品牌都是一个难得的契机。服装不是芯片,在这里对我们卡脖子,我们是有更多选择的。

应该说,经过几十年的追赶,国内企业在服饰品质和设计上的进步是有目共睹的,尤其是运动品牌,近几年成长很快。福建拥有国内最大的运动服饰生产基地群,厦门更是众多品牌的总部所在地,这次调研对我来说有了不一样的意义。

由于调研期间,正逢特步国际的全国订货会,我有机会集中了解了特步的产品。

订货会是在一个大型会展中心召开的,几个大展厅,展出的货品数千种。服饰和鞋子做得确实非常漂亮,品质也很出色。不管是样式,还是质量和国际大牌并无二致。

我是喜欢跑马拉松的,之前参加过好多次比赛,发放的参赛服大部分都是特步国际的。特步国际在过去的几年里,一直都是赞助马拉松赛事最多的企业,跑鞋方面具有一定的领先性。我这次在展场里看到的跑鞋,有一种让人眼前一亮的感觉,不仅仅是款式,鞋底的设计和材质都有了新的进步。

虽然是疫情期间,但展场的人气很旺,各个展馆都有很多经销商在看货。先前,特步国际主要是以三四线城市为主,那里有着最广大的群众基础。目前,特步国际正加大在一二线城市的推广力度,在一些大城市中会建立自己的直营形象店,这对品牌形象的提升是有立竿见影的效果的,而特步国际的产品已经完全具备了足够的竞争性。

我们调研的第二站,是在厦门著名的环岛路上的特步国际跑步俱乐部,一座非常漂亮的小白楼。环岛路是全国著名的跑步胜地,"小白楼"在跑圈里也一直久负盛名。这里既是一个专业的跑步俱乐部,也是一个大型旗舰卖场。特步国际正在全国发展这样的俱乐部,对培养超级粉丝是一个很好的方式。

在小白楼里,我们听取了特步集团副总裁及跑步品类事业部总经理吴联银的专业介绍,并仔细了解了一些在售产品的情况。这里的货品相对高端和时尚,卖场的展示效果也非常有渲染力。俱乐部的形式,特别适合在一二线城市跑步环境较好的地方发展,假以时日会成为各地跑步界的一个中心所在。

第三站,我来到特步国际总部大楼,深入特步运动科学实验室,参观跑鞋的研发过程。在各类运动服饰中,科技含量最高的就是跑鞋了。一场马拉松要跑四万多步,鞋上的一点点瑕疵,可能都会给跑者带来很大的伤害,绝对马虎不得。

总部大楼中的一整层都是实验室,里面有专业的跑道,每一条都具有不同的硬度,代表着各种类型的跑步场地。而专业的仪器,可以及时捕捉运动员的每一个细小的动作,并生成相应数据。

实验室中,我们看到了一些著名运动员的脚模,包括国内几位最优秀的马拉松冠军选手的。这些运动员的鞋都是根据各自脚型特点精心定制的,普通人也可以根据自己的脚型来找到相应的款式。运动,不但是运动员在付出汗水,也是一场科技大战。

调研的最后一项,我们有机会和特步集团总裁丁水波先生进行了面对面沟通。在沟通中,丁总裁一直都很坦诚,在关于股权激励、渠道升级、品牌整合等方面做了详尽阐述。可以看得出,特步国际已经从三四线城市逐步向一二线城市加大营销力度,并针对年轻消费者制定了针对性更强的线上推广模式。未来的特步,产品内涵会更加丰富,整体品牌会有一个明显的提升过程。

从整个调研的过程,能让人明显感觉到特步国际是一家非常务实的企业,企业很清楚自己的发展方向和阶段性发展目标,并一直按部就班地稳定推进。目前,除了特步主品牌外,特步国际还拥有索康尼、盖世威、迈乐和帕拉丁四个国际著名品牌。在产品上,特步国际已经做好了向中高端市场发展的准备。

在当前国外品牌集体大幅后撤的时候,国内企业面临的是一个难得的历史性机遇。目前,特步国际在国内的运动服饰企业中排名前三,品牌的知名度和影响度都有雄厚的群众基础。

2. 索康尼跑鞋评测

索康尼之前是境外品牌,现已经被国内企业买断,在中国境内的品牌使用权属于特步国际。

索康尼品牌有着悠久的历史,成立于1898年,诞生于美国宾夕法尼亚州库兹敦的索康尼河岸边,因此而得名。索康尼与亚瑟士、新百伦、布鲁克斯一起被称之为四大慢跑鞋,有跑鞋中的"劳斯莱斯"之称。

2019年3月,特步国际宣布与索康尼达成合作协议,双方成立了合资公司,于中国内地、中国香港及中国澳门开展索康尼品牌旗下鞋履、服装及配饰的开发、营销及分销。

我测试的这双索康尼跑鞋是菁华12,属于轻量级跑鞋,每只跑鞋重量是233克。这双鞋的整体做工比较好,鞋身没有溢胶和线头。鞋面的材质比较薄,透气性很好,对降低重量有很大的促进作用,在较暖的天气跑步时,透气排汗的效果会不错。它的鞋身是比较纤细的,脚宽的朋友可以考虑比平时穿的鞋码大出半号或者一号。

鞋垫的弹性和厚度都适中,鞋底的纹路并不复杂,看得出是为了提速而设计的。由于我的膝盖受过伤,之前跑全程马拉松的时候,我穿的鞋子单只都是300多克。穿上索康尼的这双鞋,感觉非常轻盈,但对其缓震效果也有一些担心。由于是新鞋,我没有跑太长距离,只跑5公里测试。刚开始跑的时候,还是小心翼翼,总感觉很容易就踩到底了。但在将要触底的瞬间,一种弹力从鞋底处明显显现出来,给了脚部足够的缓冲和支持,并没有让落地的反冲力直接作用到脚踝和膝盖上。这种感觉,即便是对一些对缓震要求较高的跑者,5公里之内还是可以提供足够保护的。

第八节　舍得酒业

白酒是中国特有的酒类,已经成为具有中国文化的典型象征性产品之一。在A股市场上,不管从产品特性还是市场发展空间角度来看,白酒都拥有广泛的投资人气。舍得酒业,作为中端白酒的代表性企业,其老酒战略已经得到了市场的认可,近年来营业收入和利润增长的速度,都引起了市场的高度关注。

1. 无生态,不老酒

四川射洪,人杰地灵,这里曾出了一位大诗人陈子昂,其"前不见古人,后不见来者",可谓千古名句。这里水澈酒香,出了川酒中的六朵金花之一,"悠悠岁月酒,滴滴沱牌情"!

2020年11月,我前往四川射洪的舍得酒业考察。之前调研的公司大多是直奔主题,谈的都是企业发展目标,预计营收增长等方面。而在舍得酒业,真正开启的是一次文化之旅。

好企业大多出在核心城市,好酒则大多远离喧嚣,产在山清水秀之地。目前川酒已经占据了中国白酒的半壁江山,但几大品牌都没有出在成都,而是散落在各个中小城市。射洪距离成都需要两个多小时车程,是一个县级市,属于亚热带湿润气候区,气候温和、四季分明。

北纬30度附近,是著名的"世界黄金酿酒带",贵州茅台、五粮液、泸州老窖等都在这条酿酒带上,而舍得酒业正处于北纬30度。整个舍得酒厂占地650万平方米,有300多种植物,390多万棵植株,绿化率达到98.5%。这是舍得酒业在20世纪90年代初期便开始建设的,是中国第一家生态酿酒工业园,拥有着完备独特的酿酒微生物循环生态体系。

舍得酒业除了经典的"沱牌"以外,还在中高端领域开发了"舍得"品牌,在超高端领域的"吞之乎"和"天子呼"也已经深得民心。如今各家酒厂都在做年份酒,但有些所谓的年份酒只是往普通基酒中滴上几滴老酒,一度引起广泛争议。但对舍得酒业来说,年份酒上注明的基酒年份,都是按照瓶中最年轻那滴酒的酒龄标注的,瓶瓶都是老酒。老酒是种文化,舍得更是一种文化。

和绝大多数工业制成品不同,白酒是不离乡土的。啤酒的一个品牌可以到全国各地去生产,而真正的好白酒只能用一种水来酿造,酿造过程中也离不开某一特殊的生态环境。对老酒来说,其存储环境也是要求甚严。舍得酒业数十年所营造的生态空间,才能酿造出一系列的经典美酒,这就是沉淀。对投资者来说,这就是最深的护城河,想打造一个著名的白酒品牌,没有几十年的积累是做不到的。

当前的各行各业中,普遍面临着新经济的冲击,电商改变了传统的购物方式,燃油车正让位给新能源车……但白酒这个行业,自从1989年评定出17大名酒之后,30多年来,只有个别品牌的衰落,还从来没有新名酒的诞生。如今的各大名酒,都有自己的独到之处,舍得酒业除了"生态",突出的就是一个"老"字。

"老",代表着历史,代表着传承。目前,舍得酒业拥有上万口窖池,其平均窖龄已经达到了20年,其中更有名列首批"中国食品文化遗产"的泰安作坊。泰安作坊始建于唐代,建筑面积近1 000平方米,内中存有两个明代的窖池,创建于

1563 年,距今已有 457 年之久。

与其他品牌白酒相比,舍得酒业的招牌就是老酒,目前拥有 12 万吨老酒,是国内老酒储备最为丰富的酒企。目前,舍得酒业的销售策略是"销量增加,老酒不变"。也就是说,每年销售多少老酒,就会酿造出更多的新酒来补充,等到新酒成为老酒之后才会销售。

这次行程,我参观了"陶坛贮酒库",一眼便被眼前鳞次栉比的陶坛所震撼了。"酒在陶中浸,陶在酒中醉",只有这样的陶坛才能贮存好这些佳酿。在众多陶坛中,我甚至找到了一坛标注为 1978 年的老酒,难能可贵。

2. 舍得文化

目前,中国白酒的龙头毫无疑问是贵州茅台。但研究过白酒历史的朋友都知道,贵州茅台是近几年才登上白酒之王的宝座,之前也是几经更替。

20 世纪 70 年代,粮食产量还不充足,泸州老窖凭借单粮酒的优势,成为白酒行业第一个销售额过百万的企业;直到 20 世纪 80 年代末,泸州曲酒厂一年的销售额,比六朵金花中的另外五家总和还要多。

20 世纪 80 年代,白酒的龙头是汾酒。那时候国内的整体生产能力还比较弱,有产能就有市场。1985 年,汾酒的产能达到 1.15 万吨,是全国最大的白酒生产基地;1987 年汾酒厂实现利税 8 830 万元,是五粮液的 4 倍,贵州茅台的 6 倍。"全国每 1 斤名酒中,就有半斤出自杏花村汾酒厂。"汾酒在这时期是绝对的"汾老大"。

20 世纪 90 年代,当大家开始想要更加丰富的口感时,多粮酿制的五粮液成为了龙头老大。尤其是,在 1992 年名酒价格放开后,五粮液超过"汾老大",成为新一届"白酒盟主"。五粮液是第一个销售额破百亿、市值破千亿的白酒企业。2000 年,五粮液的营收额甚至超过了后 10 位的总和,是当时贵州茅台的 6 倍之多。

　　贵州茅台,是在 2001 年上市后才开始全面发力的。贵州茅台零售价超过五粮液是 2006 年,出厂价超过五粮液是 2007 年,利润超过五粮液是 2011 年,直到 2013 年贵州茅台才在营收上超过五粮液,成为白酒之王。这个逆袭的过程中,其"国酒"的品牌内涵起到了至关重要的作用。

　　目前的白酒格局是,17 大名酒之外的品牌已经很难有逆袭的可能,即便是 17 大名酒内部,也有一些已经掉队。当前,"茅五泸洋"依然有明显的领先地位,但从白酒王座的兴替过程来看,不同的时代,有着不同的选择。

　　随着国力的蒸蒸日上,中国的传统文化正在回归,民族自豪感日益增强。白酒竞争,正在从口味、产能、品牌逐步向文化方向靠拢。"舍得"这个名字是 17 大白酒品牌中,唯一一个自带中国传统哲学风骨的。

　　我在调研过程中,接触到的舍得员工,普遍有一种发自内心地对酒的热爱,有些在舍得酒业已经工作了 20 多年,面对外面很多诱惑,却一直坚守在射洪这个远离尘嚣的小城中。我在与他沟通时,其匠心溢出言表,他们真的只想把酒做好。

　　世界是变化的,舍得酒业目前面临的问题还很多。但经过这次调研,我至少知道,舍得确实是一款好酒,舍得酒业确实在专注酿酒,值得尊重。

第九节　通策医疗

　　通策医疗一直都是 A 股中比较引人注目的一只股票,不仅仅是因为其涨幅较大,还因为其一直高企不下的市盈率。过去 10 年里,通策医疗的滚动市盈率长期保持在六七十倍。而 2019 年以来,通策医疗的股价上涨超过 7 倍,目前的滚动市盈率已经达到了 194 倍(2021 年 6 月 28 日)。

通策医疗虽然一直保持着比较高的市盈率,但达到 194 倍的情况也是 2007 年之后从未出现的,这一方面与 2020 年的"赛道"热点有关;另一方面也是过去几年,通策医疗一直持续保持着超过 40% 的利润增速(2020 年受疫情影响除外)和超过 20% 的 ROE 的结果。市场热点与企业经营的长期向好结合在一起,才有了今天通策医疗 1 300 多亿元的市值。

2020 年下半年,到处都是有关"赛道"的声音,但在 2021 年春节后,很多 2020 年的明星股出现大幅下跌之际,"赛道"这个词出镜率已经大大降低了。退潮之后才能发现谁在裸泳,几个月时间里,某些"赛道"就已经现出了原形。而通策医疗虽然也经过了二三月份的快速下跌,但随后便强力回升,又重新创出了新高。

我在对通策医疗的调研中,确实也直接感受到了口腔医疗的行业优势。与其他医疗行业相比,口腔医疗的技术相对稳定,受某些新技术或新药品的影响较小,有效保证了公司的毛利率长期居于 40% 上方。而在竞争层面,公立医院缺少积极扩张的意愿,民营口腔医院则普遍无法实现规模和利润的统一,对通策医疗现有业务的竞争威胁并不大。可以说,口腔医疗是个货真价实的好赛道,但在这么好的赛道上,真正走出来的民营企业却只有通策医疗一家,这证明了一件事,再好的资源也是事在人为的。

事实上,过去这些年来,很多企业都在进行口腔医疗的全国性布局。但这些企业在全国化进程中,普遍采用的是类似于快消品式的扩张模式。看起来遍地开花,全国到处都有分支机构,但医院毕竟是与人的健康息息相关,需要的是慢工出细活。很多公司的布局,都是靠着高昂的广告费去吸引客户,销售费用动辄就超过营业收入的 20%,甚至更高,这严重侵蚀了应有利润。而通策医疗的经营基点是旗下的杭州口腔医院,公司通过"总院＋分院"的模式,把在杭州的品牌优势和技术优势充分发挥出来,通过坚实稳定的发展节奏,逐步扩展到浙江全省。目前虽然通策医疗在全国范围内已经进行了一些投入,但这些投资都是比较慎重的,而且很多目前还在上市公司体外培育,要等到具有一定成熟度之后才会装入上市体系中。

对一个成功的企业来说,做到一定规模后,让其加快发展速度是容易的,而让其主动克制前进步伐则更为艰难。通策医疗在过去几年的时间里,放弃了不少并购的机会,其发展主要靠的是内生增长,这也是资本市场给出较高估值的重要原因。

通策医疗相当于拿到了一张好牌,然后一直在围绕着这张好牌不断去延伸自己的优势,看起来发展的速度并不快,但每一步都很坚实。目前,通策医疗在浙江省内的布局已经遍地开花了,并且大多数医院都能在开业当年便实现盈利,这是厚积薄发的回报。

对投资者来说,当前最主要的投资顾虑还是在那 194 倍的滚动市盈率上。毋庸讳言,这个估值肯定是比较高的,后面要想保持住甚至进一步提升目前的市值,通策医疗就需要有足够快的业绩增长,来尽快降低其市盈率。

从浙江省内的布局情况来看,通策医疗已经具有很好的确定性。但走出浙江,每个地区都有自己的原有强势品牌,这里面大多数都是当地的公立医院,历史悠久,积累深厚。相比之下,品牌优势将不会有在浙江这么大,这不但在获医这一关键发展节点上会出现效率问题,更会加大对销售费用的依赖。从现有案例来看,通策医疗在浙江省外的毛利率只有浙江省内的一半多,这是与人工和销售成本的提升直接相关的。

目前,通策医疗已经在品牌积累、人才团队、供应链管理和教研培训等多方面占据了国内口腔医疗的先发优势,公司对未来的发展节奏还是以稳为主,所取得的成绩是扎实的。只要经营得力,估值的事还是交给时间吧。

投资感悟碎片之企业篇

1. 判断一个企业的护城河,最简单的方法就是把它去掉看看对行业有多大影响。把华为去掉,国产手机的形象会一落千丈;把贵州茅台去掉,整个白酒业的地位就会下滑。而去掉某某饮料、某某调料,有些人刚开始不习惯,但很快就会习惯其他品牌。

2. 30 年前的主要矛盾,是产品供应能力不足;20 年前的主要矛盾,是产品质量不足;10 年前的主要矛盾,是产品缺少品牌内涵;未来的主要矛盾,是产品不能领先社会。要完成越来越富裕的国人需求,就需要越来越优秀的企业不断地提供能引领社会发展的产品。微软、苹果、谷歌、阿里、腾讯这些企业,成就万亿市值的根本,是走在了社会发展的前沿,开拓了一个全新的空间。5G 时代、新能源时代、物联网时代,我们还会有新一代的杰出企业,它们会告诉我们什么是未来。

3. 目前,整个国内的市场现状是强者恒强,绝大部分行业都是这样。以前 GDP 增速快,行业整体机会大,有一些小企业在快速发展或者逆境反转阶段,表现出了很强的弹性。但随着整体经济增速的放缓,大部分行业的增量空间都在被压缩,各企业只能在存量上你争我夺,导致大鱼吃小鱼,甚至大鱼吃大鱼成为市场的主流。

各个行业基本上都过了跑马圈地的时代。GDP 的增速下降,就是各个行业整体增速下降的结果,银行、地产、保险、家电、白酒,这些主流大行业面临的形势都是天花板越来越低。

4. 品牌的溢价能力,是可以超越成本和渠道的,这既可以表现在贵州茅台的利润率上,也可以表现在格力的利润总额上。即便利润率天花板比较低的行业,品牌仍然能够保证销售速度,通过提高单位时间的营业收入,从总利润上得到的收益一样不少。

贵州茅台的赛道优势要比格力大得太多,但从 10 年投资收益率来看,贵州茅台是 26.88%,格力也做到了 24.77%,这个差距远远小于两者之间的净利润率差距。每种生意的情况确实不一样,格力会羡慕茅台的供不应求,贵州茅台也会羡慕格力的无限产能。

5.高杠杆行业,最重要的是信用,品牌和规模的价值要比其他行业大得多。不管银行、保险还是地产,都不是占便宜的地方,信用风险会让一切低估都毫无价值,这是金融地产中强者恒强的基本逻辑。

有人认为银保地已经过时,甚至在压制其他版块的成长。但山就在那里,想登顶就自己爬上去,而不是等山的崩溃。事实上,即便天荒地老,山还是山。

6.银行的业务同质化严重,但好银行和普通银行仍是天壤之别。规模、品牌、服务、科技、风控、管理、牌照、多体系协同,这个护城河比很多人想象中要宽得多。银行股做的是现金管理和一种节奏,把钱存银行不如存银行股。

从节奏角度来说,银行股后大盘下跌而下跌,先大盘启动而启动的特点,注定了它和先大盘下跌而下跌,后大盘上涨而上涨的地产股是黄金搭档,银行是左侧票,地产是右侧票,相得益彰。

7.有的赛道是百米跑道,看着跑得很快,但没多久就到终点了,很多科技股就是这样,一批产品被吃尽,如果没有后继,公司也就走下坡路了;有的赛道却是马拉松,足够长,但基本都是匀速跑,没有加速度,但很多人缺少这份耐心,譬如银行和一些公用事业股。保险则是一个中长跑赛道,空间足够大,速度也不慢,在国人越来越富裕之后,这条赛道的价值会进一步提升。

8.房地产开发的商业模式,决定了开发商净资产的重要性不像制造业那么强,对他们来说高负债率是一种"天赋"。贵州茅台、五粮液这种"现金奶牛",既不需要高负债,也无处用高负债,各有姻缘莫羡人。

随着企业净资产的不断增大和外部杠杆的被动降低,房企资产负债率下降是必然的。未来几年,一线房企能保持在 20% 的增速就很不错,自然也就不需要再去追求高负债率了。但就整体而言,地产与制造业相比,属于相对轻资产的行业,并且主流开发商的资金周转周期基本都能控制在一年以内,资产负债率降低到 80% 以下就很安全了。

9. 对一个严谨的企业来说,纯粹从企业发展角度所做的多元化,即便是付出代价,伤害面也是有限的,而且对资深的投资者来说比较容易防范。但那种处心积虑的"金蝉脱壳",真可能会害人到倾家荡产。

事在人为,凡是市场化的行业,每只牛股背后都会有一个牛人。凡是能把企业做到上市的老板,都不是一般人,我从来不相信自己比他们聪明,认为"他们愚蠢"只能说是我们的无知。

10. 产品有周期,企业没有,这就是伟大企业的优秀所在。有时候市场不好反而是出大牛股的机会。贵州茅台、五粮液、格力电器、美的集团、招商银行,都是在行业整体发展速度持续下降的背景下出来的。

个股赚的是企业的钱,大盘赚的是情绪的钱,双重叠加才是收益最大的时候。当然这种风调雨顺不是什么时候都有,我们一般把这种状态叫牛市。下水道堵的时候,注进来的水越多,水质变臭的可能性就越大。A 股一年退市达到上百家的时候,长牛也就真的要来了。

研发是建立在应用基础上的,能够转化为足够利润的技术,才能长期迭代下去,华为就是如此。

11. 在 GDP 增速持续下降的大背景下,企业逆袭比行业逆袭难得多。多关心企业经营,少关心市场情绪,这是避免情绪化的最好办法。"市场先生"是老花眼,近了看不清,远了才能恢复正常。我们永远都找不到"市场先生"这个人,但它一直都存在于投资者心里。

每个人眼中的股市都是不一样的,明白自己的股市就好。有些东西,确实如同索罗斯所说的反身性,资金带动情绪,情绪引导资金,但归根结底还在于股票的内在价值。

12. 整个中国的人均收入都在不断提高,人们对美好生活的向往不可阻挡,原有的大部分产品都是解决数量问题的,而未来是属于那些解决品质问题的企业。贵州茅台、格力、华为、招行银行,已经证明了优质优价的可贵,还会有更多企业紧随其后,这会是未来 10 年一个贯穿始终的主题。

13. 在普通商品层面,国产商品已经具备了足够的竞争能力,即便门槛很高的汽车业都是如此。但高端制造上,进口产品的优势仍是很大的,这个差距就是未来市场进一步成长的主导性动力。

过去 40 年,我们先后经过了低品质的货品时代、好品质的商品时代、有品牌的产品时代,正在到来的将是有内涵的作品时代。华为手机、格力空调、阿里巴巴、茅台酒们所引领的方向,会让整个国家穿越牛熊,不惧人祸与天灾。

14. 研发与应用是两个体系,并无高下之分。视窗是微软从苹果那里学去的,数码相机技术柯达早就掌握,但最后成了砸死柯达的巨石。掌握市场和客群之后,资本的价值可以不断被扩大,腾讯做电商和短视频都没成功,但却拥有了拼多多、京东和快手的数千亿收益。

这个时代,谁成为消费群体不可分割的一部分,谁就拥有未来。当然,有些产品对目标客群的黏性越大,出圈后失败的可能性就越大。

15. 如果你想在这个市场里生存 10 年以上,百分之几十的涨跌幅都是过眼云烟,企业的持续发展才是真金白银。我喜欢买产品力优秀的企业,即便行业不增长了,它们的产品也一样有很多需求。

各条路上都有限速,不能让你跑得太快,但能让你安全到家。企业不是利润增速越快越好,长期稳定保持在 GDP 增速 1.5 倍以上的企业都是好企业,珍惜就是。

16. 品牌是营销中自成一体的价格因素,也是能够直接提升消费体验的重要因子,是商品最大的护城河。盲测,能分清拉菲吗?能分清中华烟吗?能分清可口可乐吗？换句话说,除了品牌,没有什么量产商品是真正独一无二的,这就是品牌的价值。

优秀的企业能够抵抗逆市,伟大的企业则能引领整个行业长期上行。

17. 小城市的大企业,大多是以制造业为主的,生产成本和管理成本都比较低。金融、科技类的大公司人工成本比较高,对工作和生活环境要求更高,还需要信息、技术的高度集中,很少会出现在中小城市。

这种布局也是一种节奏,地区性发展不均衡产生的矛盾,是未来保持市场活力连续性的重要动力。

18. 把格力的渠道交给奥克斯,奥克斯就能成为空调老大吗？洋河掌控渠道很强,其利润还不到茅台的四分之一,甚至连增速也是不如茅台。渠道是重要的,最核心的仍是产品,本末千万不能倒置。

渠道能让一个企业迅速增加营收,但不能改变产品本身的价值。没有好产品,渠道做得再好,也都是拔苗助长。

附　　录

　　以下两份总结,是我职业投资前两年所交出的成绩单。每一年的成绩都有好有坏,但这不是最重要的,重要的是我在这一年里,投资体系是不是有了进一步的完善,对企业的理解是不是又加深了一层。市场总在变化,不变的是那颗投资的心。

一、紧守低估——2019 年投资总结

1. 职业投资第一年

2019 年是我职业投资的第一年,这一年我全身心的投入,从各方面来说收益都是巨大的。2018 年底,我离开工作了 23 年的地产行业的时候,心中确有不舍;但对投资的热爱,让我还是放弃了曾经的荣耀与热闹,远离尘嚣,开始了一个人的战斗。一年过去,我更加享受这种战斗方式。投资带给我的不仅仅是金钱,更是一个从身到心的修炼过程。这一年我最大的收获,就是看世界又透明了很多。

股市只有一个,投资流派却有很多,我不是那种传统的价值投资,更不是纯正的技术分析者。我一直寻求的是一种平衡:在周期与周期之间的平衡,在动与不动之间的平衡,在环境与人之间的平衡,在变量与变量之间的平衡。

这一切都还在路上,作为一个求道者,金钱从来不是我唯一的投资目的,我不过是在求道的路上,顺便把钱赚了。我的模式经常会受到质疑,但我很清楚自己在做什么,有些质疑归根结底是因为我们的目标并不一样。而这,就是我选择投资作为我最后一个职业的原因,这里有我需要的东西,我爱投资本身胜过金钱。

2. 收益

2019 年底,很多人都在晒收益,而我对此的理解是每个人的仓和仓是不一样的,收益与收益也不一样。自己和自己比就好了,千万不要被别人带节奏,很可能大家说的根本就不是一回事。

我的仓位中包含了我所有的现金,这些年来除了一些家里的日常开销,我是没有银行存款或银行理财类产品的,都在股票账户里。在股市里有四分之三的

人,持仓还不到 50 万元,实际上不管是绝对数量还是相对压力我的半仓都要超过很多人的全仓,只不过有些人的钱放在银行账户上,我空下的半仓放了股票账户里。所以,我的满仓条件要高于大多数人。计算回报率的时候,分母也会大一些。

很多人在说回报率的时候,都会在分母中把所用的杠杆资金减去,我也有一部分借贷资金,但我从来不会去掉这部分款项。

回报率对我来说,是对当期投资行为的一种检验,借款代表的只是一种借贷能力,在计算收益的时候去除,会让自己的投资表现过分夸大。所以我的收益率一直都是按照账面的资金和收益来计算的,这更能让我看清楚自己的真实投资表现。

以上所述是想用自己的案例告诉新人们,投资是自己和自己比较的事情,能够实现自己的预定目标就是一个成功的年份,不要和其他人比较。这不但没有意义,还会让你自己过分骄傲或者过分自责,这种情绪如果带到投资行为中,很容易让自己的操作变形,这是大忌。2019 年,我的账面收益是 62%,是 2015 年之后的第二高收益。由于我初入股市时候的投资动机,主要是为了学习,前几年投入的资金很少(还不到现在仓里一天的波动金额),投入的精力也不够。2014 年,我才开始认真做一些投资行为,我的记录也是从 2014 年开始的,见下表。

时　间	当年收益	累计净值
2014 年	59%	1.59
2015 年	101%	3.2
2016 年	11%	3.55
2017 年	42%	5.04
2018 年	−6%	4.74
2019 年	62%	7.68
6 年年化收益率		40.46%

这个表中的收益都是账面收益,也就是分母中包括了借贷资金。2014年,我的投资目标是,未来10年的年化收益达到20%,10年后做到6倍净值,现在已经提前完成了。未来10年,我的目标仍然是年化20%,预计实现过程会比这几年要难一些。毕竟这些年虽然指数变化不大,但白马股整体已经处于牛市中了,现在被绝对低估的已经不多。

3. 投资原则

职业投资是没有退路的,所以我今年把之前的一些投资原则进一步强化了,并从纪律上确保坚决执行。

(1)投资洁癖:对可能性的风险,一律按照最高级别准备,宁可错过,绝不做错。

(2)持仓原则:单只个股原则不超过20%仓位,低估明显的股票最多30%仓位;单个行业最高不超过50%仓位。

(3)赚的久比赚的多更重要,没有好的机会,宁可空仓等待。

(4)不追求短期的高收益,更在意曲线的长期平滑。巴菲特60多年来的最高年收益率没到60%,他的厉害之处在于其中只有两年的收益是负的,而且跌幅从没超过10%。

(5)踏空是个伪命题,每天都有涨停的股票,什么时候都有赚钱的机会。

(6)纪律可能会让你一时少赚,但能让你赚一辈子。

二、像农民一样播种——2020年投资总结

1. 强化原则的一年

2020年,是我专职投资的第二年。这一年发生的事情,对每一位投资人来说,恐怕都是终生难忘的。有些东西已经在总结,但还有很多东西,是需要我们用更久的时间去沉淀,这会是我们一生的财富。

2014 年之前,我尝试过各种投资风格,但从 2014 年开始全面转向了价值投资。2018 年底,我成为职业投资人之后,除了继续坚持价值投资外,还做了进一步的分解。

价值投资也分很多流派,其分类方法就是对价值的不同理解。简单来看,股票是由"股"和"票"两个元素构成,"股"是入股,更注重企业思维,看中的是企业内在价值和成长性;而"票"是票据,是市场交易的载体,其内含的交易价值也是股票价值的一部分,投资机构在这方面的研究比散户深入得多,尤其是近些年量化盛行,投资机构与个人投资者之间的距离越拉越大。

如果说 2018 年之前,我还是尽力在"股"与"票"之间齐头并进的话,那么,我开始做职业投资之后,一直在有意远离"票"的研究。"票"是个人投资者天然的劣势,与其补短,不如扬长。从 2019 年开始,我更加注重对企业内在价值和生长模式的理解。2020 年,市场大起大落,我全年都在贯彻这一指导原则,不在意市场热点和轮动,不追求资金的跟踪追捧,从长期角度来看企业,看重产品和管理,看重估值和预期业绩,规避股价涨跌的短期影响。

我一直相信,最流行的就是最容易过时的。我的目标是争取做满 30 年职业投资,在这期间不管遇到什么状况,都希望能把投资这件事持续下去。如果我为了短期收益,违背自己的原则,那么不管今天收益多少,日后早晚都会为这一举动而付出代价。

资本市场是残酷的,从来就没有容易吃到的午餐,只有那些坚持原则的人,才能躲过一个个"明枪"和"暗雷",我见过太多人的迅速暴富与断崖式滑落,我更希望自己的收益曲线如同稳步上升的台阶。投资不是快意江湖,今朝有酒今朝醉,我需要考虑 30 年的持续性,原则比一切都重要。

2. 调研与探索

在这一年里,我进行了很多调研工作,也进行了各种探索。以下是对这一年这些活动的记录。

(1)本年度受疫情影响,上半年的调研计划没有落实。9月份之后,我先后调研了中国平安、腾讯控股、佳兆业、舍得酒业等公司,还借雪球嘉年华的机会,参加了金科和中国平安的路演活动。

我对调研的理解是,调研主要是增加我对企业的感性认识,而不是为了得到一些内部数据。投资是理性的,但感性的认识也是至关重要,尤其是把报表和数据与当前的企业文化对照来看,很多东西会有另一番见解。

(2)关于地产项目,我今年考察了中国金茂的长沙梅溪湖、深圳龙华金茂府、成都武侯金茂府、融创的桂林文旅城和成都文旅城等。很多网上传说的东西和现实是不一样的,实地感受结合备案数据,再加上一些网友的陈述,让我对公司的认识可以更加清晰。

(3)今年我也在尝试一些新事物,我们要与这个时代尽量紧密接触,否则会对很多东西有心理上的偏差。直播已经是当前娱乐和销售的主流,连渠道能力最强的格力都在直播带货了,不去拥抱新事物就意味着要被淘汰。今年我在雪球平台、证券市场红周刊和华盛通等媒体做了10多场直播。尤其难忘的有两次,一次是在深圳戴着口罩和博实老师直播中国平安的线上医疗,另一次是和杨饭老师在北京雪球总部直播房地产的多元化。

直播过程中,需要一直保持高度集中的注意力,还要即时回复网友提出的各种问题。人在非常时期总会提升自己的能力,每一次直播都是大有收获。2020年底,我开通了快手,并自己创建了"股票小课"等产品。希望2021年,能有更丰富的形式和大家一起学习,一起进步。

3. 收益

2020年,我的收益并不理想,8年来第一次没有跑赢上证指数,收益率是13%。主要原因当然是低迷的地产股拖了后腿,如果不是3、4月份我用上了全部能拿到的资金(包括场外融资和卖掉了一套不住的房子)大举买入,全年收益应该会是负的。

在9月份,我曾经反复考虑是否要减仓地产股,毕竟每次调控都会有一些反应,而且中报里增收不增利的影响确实很大。2018年底的时候,我也曾经有过类似的思考,当时完全可以保持全年不亏,但我还是不断买入了格力电器、融创中国、中国平安等股,当年亏了6%,但这些廉价筹码在2019年让我赚了60%以上。

12月份,我又加了一成多的地产仓位,把地产股的占比重新提升到半仓,这是我单行业的最高仓位了。2020年的最后一个交易日融创大涨,让我这部分仓位有了微许的盈利,我相信这是一个好预兆。地产股已经是全市场最被低估的板块,而2020年全年的商品房销售额将会突破17万亿元,这种反差不会长期持续,价值终会回归。

由于今年的收益低于预期,7年来的年化收益也跌破了40%,见下表。

时　间	当年收益	累计净值
2014 年	59%	1.59
2015 年	101%	3.2
2016 年	11%	3.55
2017 年	42%	5.04
2018 年	−6%	4.74
2019 年	62%	7.68
2020 年	13%	8.68
7 年年化收益率		36.10%

4. 2021 年的展望

投资要讲时间感,而时间感并不一定就以自然时间为节点。在股市上一个转化就是一个周期,对投资者来说,就是完成了一个心路历程。2020年的大起大落,比起2019年的顺风顺水,感受自然大不一样。但若是把2018年和2019

年合并为一个周期来看，又和 2020 年有很多相似之处。

从上证指数和创业板的对比来看，之前的两年，先是在 2018 年上半年股市进入分化状态，然后便是下半年的泥沙俱下，到 2019 年初又开始牛气冲天，然后便是半年多的横盘。这个分化、下跌、上涨、横盘的过程，又被复制到了 2020 年。2021 年，这个过程有可能会再次被复制，只不过次序也许会有所调整。

分化的主题有机会被直接延续下去，但从单边分化趋向交错分化的可能性会比较大。之后如果是进入横盘、下跌然后再上涨的次序，会是一个比较好的选择，但如果是分化过后继续横盘或上涨，那后面再出现下跌就会比较麻烦。

前些日子，我看到一个基金过去 10 年的收益数据，股票型基金 2010 年到 2019 年的年化收益率是 5.54%，而过去两年他们的收益都超过了 30%。能吃的饭总数是一定的，今天吃得多了，明后天可能就会吃得少，道理就这么简单。

对 2021 年还是要多一些谨慎，尤其是那些在 2020 年估值被爆炒过的板块。美股的几只龙头大牛股，除了亚马逊市盈率超过 90 倍外，其他的苹果、微软、谷歌、Facebook 等连续涨了这么多年，市盈率也没超过 40 倍。不要提特斯拉，那是全世界唯一的，A 股还没有谁可以与其相提并论。

但不管怎样走，我仍然坚定地看好未来 10 年的国运，即便中间可能会有些浪花，但股市有很大机会重复美股 2010~2020 年的走势。只不过随着经济体量越来越大，GDP 的增速也会逐步趋缓，大部分行业会从增量时代转向存量时代。我们也将会迎来美股那种少数超级企业顶着指数不断上升的过程，强者恒强会是一个持续的主题。

买入中国最优秀的企业，等待他们成为世界上最优秀的企业，这就是我的投资信仰。

投资感悟碎片之地产篇

1. 地产被误解的地方太多,所以地产股总是跌过头,反转的时候也容易涨过头,然后循环往复,成了年线上一阴一阳的规律分布。目前,全股市都在合理甚至偏高的位置上,地产的"黄金坑"就更加引人注目。大多数地产股投资者都是来投机的,对企业的了解只在皮毛,这也加大了地产股的波动性。只有那些真正理解企业,并愿意与企业荣辱与共的人,才能赚到该赚的钱。

投资和炒股用的是不同语言,例如,看到一些基本面越来越好,股价却越来越低的企业,有人如临深渊,我则梦寐以求。看着那趴在地上的股价,总感觉世界充满了希望,这话有些人永远不会理解。大多数人都会倒在金山上,然后感叹财运不济,从来如此。

2. 地产股很多,但能做的地产股不多。现在做地产股的人,好多都在掩耳盗铃。自己是来投机的,却总是扛着一杆价值投资的大旗,而身边擦肩而过的那杆旗帜,也是同一个店里买的。

100多个房企,绝大多数经营上会在3年内迎来历史性高点,5年内留给它们的只有越来越暗淡的业绩。所谓的低估值,可能会一直存在,然后伴随着股价的下跌越来越高,这是大部分地产股的未来。

3. 地产股的一大特性,就是左侧超跌,右侧超涨,或者说是杀估值时杀到底,讲业绩时涨过头。做地产的投资者,绝大多数并不相信地产这个行业还能火上10年,都是抱着吃一口就跑的心态在买入,一旦风吹草动,高喊价值投资的人就会跑得比谁都快。只有在行情彻底走强的时候,地产股才有机会让一群投机者统一认识,出现报复性上涨。

做地产股,需要超强的信念和耐心,还要有一颗经得起大起大落的心脏。

4. 做地产股这种弹性大的品种,不必太看重股息,股息高的地产股,差不多都是涨得慢的。价值观上稳字当头的公司,我一般都不太涉及,求稳就不做地产股了。

要说稳,谁比工商银行更稳! 事实上,很多地产股 10 年收益还不如工商银行。未来 10 年,跑不赢工商银行的地产股会更多,但龙头的增速不会低于贵州茅台。

5. 强与大不是一个概念,但现在的地产股要想强,至少要大到一定程度。大了是钱找人,小了是人找钱。有人高歌猛进,就有人每况愈下,买地产股不要总图便宜,这是强者恒强的时代;也别总抱着侥幸心理。

6. ROE 是价值分析的核心指标,但在地产股的分析上,脱离了负债能力和土地储备节奏的 ROE,是严重失真的。不考虑负债情况,有些高 ROE 公司的经营风险就会被掩盖;不考虑土地储备情况,表面净资产与实际净资产的差距就会被拉大,以此为基础的资产负债率和 ROE 都会变化,而由负债率和 ROE 所推导出来的基本面,更是无异于空中楼阁。

7. 市场对负债有太多误解,对优秀的房企来说,负债高不是没钱了,是手里的地太多了,而中国核心城市的土地是全世界最好的资源。拿着铜板的人被高看一眼,拿着金子的人却被鄙视,这就是市场现状。但金子总是金子,短期的误解只会迎来集中的爆发。

高负债率是开发企业的基本特征,本身并没有问题,只是不能失控。低负债率也就意味着现在的负债规模并不是很大,基数小了即便后面的可增加比例在加大,实际可利用资金也未必有优势。在该借钱的时候没借就是在浪费市场机会,到了想借钱的时候却无钱可借,有了市场机会也依然只能浪费。地产股中,我是不会投净负债率太低的,还不如去买有稳定股息的银行股。

8. 地产公司表面的净负债率都是失真的,把已售未结、优质土地储备和净资产合在一起算出的分母,才能看清楚一个公司的真实债务情况。比起短期的股价波动,企业能够买到更多便宜的好地,这才是我更愿意看到的事。

市场都是被价格牵着鼻子走,大多数人都是看到股价涨了,连缺点都当成优点,看到股价跌了,优点也当成缺点。

9. 三道红线之后,大家会惊奇地发现,那些大房企还是有用不完的钱。管理是管理,银行和各路资金心里都明白,钱放在谁那里才能生下更多的钱。有息负债可以控制,总挡不住合作开发吧;权益比降低了,但还有操盘费可赚。像融创中国和中国金茂这样的大地主,3 年不买新地,一样可以保持 15%～20% 的增速,只是提前进入利润释放期了。而利润释放后增大净资产,一样可以提升有息负债规模。

三道红线就是房地产企业的供给侧改革,好的更好,差的更差。这几年供给侧改革,招商银行、中国平安、美的集团、贵州茅台这些头部企业的表现,远超行业内的中小企业,房地产也会是这样。

10. 很多人喜欢数地,实际上这只能做个简单的定性分析,千万别当真。有时候政府是有费用退还或减免的,还有时候会有其他地块做补偿,反过来有些项目的土地增值税算完后高得惊人。单就一块地来说,根本看不出来是赚是赔。

数地对于一些小的房企也许有用,但对大的房企来说,数得越多偏差就越大。譬如,融创中国有 800 多个项目在售,好不容易一圈数完了,数据却都过时了。如果不是有团队长期跟踪,仅凭个人去数地是没有太大意义的,最多能算一下表面的毛利率,准不准还不一定。

并且很多时候项目收益和集团收益是两回事,所有项目都不赚钱也不意味着集团不赚钱,反过来所有项目都赚钱,可能集团还是亏的。我们更不可能知道地块出让条件背后的事实,哪些房子是要被回购的,哪些费用可以缓交甚至不交,哪些投资后面还有退税或者补贴等,这都不可能依靠数地算出来。

11. 现在的开发商,绝大部分时间里都是在轻资产运营。为什么地产总是和金融连在一起,因为地产开发的核心就是融资,只有在买入土地和预售之间的那段时间算是持有较重的资产,预售成功后虽然产权没有转移,但实际上这些资产已经变现了。

十几年前,股市上的主流是港企囤地模式,但现在港企基本都被挤出股市了,囤的地涨了一倍,人家的资金可能都转了五六回了,还可以少交土地增值税。这是大房企打败地方小房企,龙头企业打败普通上市公司的原因所在。

对于当下的房企来说,资金成本高并且还有土地增值税,各家主观上并不是为了赚土地增值的钱,而是为了维系或者进一步发展整体销售规模。土储能力的核心表现,不是土储数量,而是土储去化速度。就像一个运动员吃得比别人多一倍,但他的运动量足够大,体型反而会比普通人更好。

12. 未来几年,中国商品房将迎来销售额见顶的过程,但不代表房地产企业就走投无路了。招商银行的优势,在于最早把客户进行了差异化,专注高端。未来在保持一定的高周转速度和管理能力的背景下,产品力优秀的房地产企业,也会有自己超出行业的优势。即便房屋供大于求的时候,还是有很多人,想换到他们所开发的房子里去居住。

做一个好产品,不是有图纸就可以的,施工管理、部品采购、成本控制都需要匹配。一个房企做出一个产品系列,要有积年累月的沉淀,即便这样,各地的同系列产品仍会参差不齐。在现在利润率普遍不高的大背景下,一旦产品的成本失控,对项目造成的损失是不可逆的。

换句话说,照猫画虎不难,但用同样的成本造出一样品质的房子,这就是能力了。产品需要经验的累积,之后会越做越熟,成本也会越来越可控。如果调整产品系列,就需要调整施工管理和部品采购,这都加大了成本失控的可能。

13. 房企多元化,和我们做投资是很相似的。有的人能力圈在银行、保险,有的人能力圈在地产、家电,也有的人的能力圈在医药或者汽车,不管在自己的圈里业绩多好,出了圈都是一件危险的事,对房企来说也是这样。

房企多元化还是尽可能以地产为基点做同心圆,找一个空白点画个毫无关联的圈,企业的起点优势就荡然无存,这个圈离地产这个基点越远,失败的概率就越大。

14. 我们的一生都离不开地产,这是个永续行业,只不过不同时期的表现形式会不一样。即便是早已经过了城市化高峰的美国,地产依然活得很好。新经济会推动传统行业的进步,而传统行业也会成为新经济迅速发展的基石,两者并无矛盾。相对来说,传统行业的增速会慢一些,但会稳定上行;而新经济容易大起大落,在某一个周期波峰往下看,自然是一览众山小,但周期过去,波谷也是需要坚持的。

15. 货币在产业中实现增值,然后把这些价值分配到劳动者手中形成消费,再进一步带动产业运转。这是一个最基本的财富流程,但它一定要在有效流动中才起作用。有些行业的天花板会高,也有些行业的天花板会低,过于发展那些天花板低的行业,就会出现价值链断裂的情况。

家电业的天花板已经够高了,但与地产比起来还是相差悬殊。2019 年全年,家电全行业的主营收入是 1.53 万亿元,只有地产的十分之一。即便行业不涨,里面的空间也足够龙头房企持续壮大了,市占率达到 10%,就相当于家电整个行业的营收,这是做地产股的核心逻辑。

16. 地产商最主要的生产资料是地,有地才有产。

只有能够在产业、就业、持续性税收上为政府做贡献的企业,才有机会用更低的成本拿到更好的地。但这些企业在后期经营上仍然会分化,但至少这些有拿地抓手的企业,还有机会参与竞争。只会招拍挂的企业,随着时间的推移,存在感只会越来越弱。

各家开发商现在拿招拍挂的地,都是为了规模和现金流,同时维持基本生存。企业的利润要靠文旅、商业、旧改和产业,尽管这种持有型物业后期压力大,但总算是一个出路。没有拿地抓手的企业,路只会越走越窄。以后单纯靠招拍挂活着的房企,赚的只能是劳务费,这会是一个长期存在的主题。